中国经济文库·应用经济学精品系列

汇率变动
对中国企业出口的影响

The Impact of Exchange Rate Fluctuations
on Chinese Enterprises' Exports

田 朔 ◎ 著

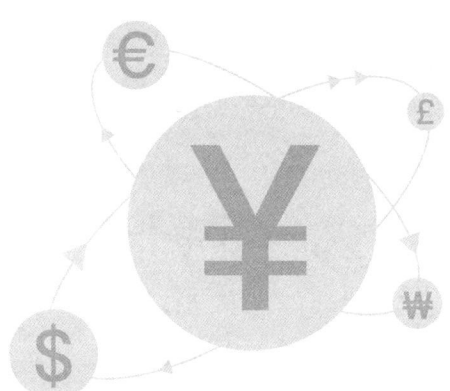

·北京·

图书在版编目（CIP）数据

汇率变动对中国企业出口的影响/田朔著.
—北京：中国经济出版社，2019.12
ISBN 978-7-5136-5977-2

Ⅰ.①汇… Ⅱ.①田… Ⅲ.①人民币汇率—汇率波动—影响—企业管理—出口贸易—研究—中国 Ⅳ.①F752.62

中国版本图书馆 CIP 数据核字（2019）第 263806 号

责任编辑　焦晓云
责任印制　马小宾
封面设计　任燕飞

出版发行　中国经济出版社
印　刷　者　北京九州迅驰传媒文化有限公司
经　销　者　各地新华书店
开　　　本　710mm×1000mm　1/16
印　　　张　13
字　　　数　187 千字
版　　　次　2019 年 12 月第 1 版
印　　　次　2019 年 12 月第 1 次
定　　　价　58.00 元
广告经营许可证　京西工商广字第 8179 号

中国经济出版社 网址 www.economyph.com 社址 北京市东城区安定门外大街 58 号 邮编 100011
本版图书如存在印装质量问题，请与本社销售中心联系调换（联系电话：010-57512564）

版权所有　盗版必究（举报电话：010-57512600）
国家版权局反盗版举报中心（举报电话：12390）　　服务热线：010-57512564

前言 PREFACE

汇率变动对出口贸易的影响一直是经济研究关注的重要话题之一。自布雷顿森林体系崩溃后，随着汇率体制的不断变化，以及经济全球化的快速发展，汇率波动明显加剧，国内外经济金融市场环境和国际资本流动格局愈加复杂，这也使得汇率对出口贸易的影响越来越复杂。中国自改革开放以来，经济总量保持了高速增长，对外贸易是重要的推动力量。随着改革开放进程的不断加快，人民币汇率市场化也在快速推进。2005年7月21日，中国政府宣布人民币实行管理浮动，迈出汇率改革的一大步。2014年3月5日公布的《政府工作报告》中指出，要"保持人民币汇率在合理均衡水平上的基本稳定，扩大汇率双向浮动区间，推进人民币资本项目可兑换"。这意味着随着汇率形成机制改革的深化，市场将对人民币汇率的变动起到决定性作用，汇率的变动将成为常态。由于汇率对企业的出口行为有着重要的影响，系统分析人民币汇率波动对企业出口行为的影响不仅有重要的理论意义，也有重要的现实意义。

在传统贸易理论的框架下，国内外学者大多从国家或者行业层面考察汇率对出口贸易的影响。实际上，汇率变动首先作用于企业的出口行为，继而产生宏观层面的影响。然而，关于汇率变动影响中国企业出口行为的研究还相对较少。人民币汇率变动和中国企业出口是当前中国经济发展过程中的重要议题，因而，笔者认为有必要从微观层面探讨汇率变动对中国企业出口的影响。为此，在已有研究的基础上，本书基于新新贸易理论，综合考察汇率变动对中国企业出口行为的影响。本书研究目的在于解答人民币汇率改革以及经济全球化背景下汇率变动会对中国出口企业的集约边际和扩展边际产生怎样的影响，不同企业是否会作出差异性的反应，以及汇率变动影响企业出口过程中是否会受到某些关键因素的影响等问题。对上述问题的解答将全面呈现汇率变动所带来的出口多元化动态，从而为预测人民币汇率变动对中国经济的影响以及汇率、贸易等相关政策的制定提供具有指导意义的启示。

  本书是在我的博士论文的基础上修改而完成的。回首在南开大学的学习经历和在山东理工大学工作以来的点点滴滴，我的些许进步离不开师长的指导、同学的帮助及家人的支持，在本书即将付梓之际，谨在此一并表示由衷感谢。同时，本书的出版得到山东省社会科学规划研究项目（项目号：16DJJJ03）和山东省高等学校人文社科研究计划项目（项目号：J16YE04）的资助，在此表示特别感谢。本书的出版是我科研工作的阶段性总结，今后我将继续保持对学术的热爱和追求，勇往直前。

田　朔

2019 年 5 月于山东理工大学

目 录 CONTENTS

第1章 导 论 … 1

1.1 选题背景和意义 … 3
1.1.1 选题背景 … 3
1.1.2 选题意义 … 6

1.2 概念界定、研究内容与方法 … 7
1.2.1 相关概念界定 … 7
1.2.2 研究内容 … 9
1.2.3 研究方法 … 11

1.3 本书的创新点与不足 … 11

第2章 文献综述 … 13

2.1 汇率变动与出口贸易：一般性分析 … 15
2.1.1 价格效应 … 16
2.1.2 风险效应 … 18
2.1.3 预期收入效应 … 20
2.1.4 资源配置效应 … 21
2.1.5 扩展边际效应 … 22

2.2 汇率变动与出口贸易：异质性分析 … 24
2.2.1 企业特征层面的异质性分析 … 24
2.2.2 汇率变动层面的异质性分析 … 26

2.3 汇率变动与出口贸易：影响因素分析 … 28
2.3.1 进口中间品 … 29

2.3.2　金融因素 …… 31
　2.4　本章小结 …… 35

第3章　汇率变动与出口：理论分析 …… 37

　3.1　需求、供给及市场均衡 …… 39
　　3.1.1　国外代表性消费者的需求 …… 39
　　3.1.2　本国代表性出口厂商的供给 …… 40
　3.2　汇率的不确定性 …… 42
　3.3　汇率变动对企业出口的非线性影响 …… 44
　3.4　关键影响因素分析 …… 46
　　3.4.1　进口中间品的作用 …… 46
　　3.4.2　融资环境的作用 …… 47
　3.5　本章小结 …… 47

第4章　人民币汇率与企业出口事实分析 …… 49

　4.1　人民币汇率发展历程 …… 51
　4.2　中国出口贸易发展现状 …… 53
　　4.2.1　中国出口贸易总体情况 …… 53
　　4.2.2　中国出口贸易商品结构 …… 54
　　4.2.3　主要出口伙伴国（地区）分布情况 …… 56
　　4.2.4　参与不同类型贸易企业的出口现状 …… 57
　　4.2.5　不同性质企业的出口现状 …… 58
　4.3　中国出口企业的现状 …… 59
　　4.3.1　出口企业的基本情况 …… 60
　　4.3.2　出口企业的稳定性 …… 63
　　4.3.3　出口市场及产品多元化 …… 64
　　4.3.4　异质性企业的汇率变动 …… 65
　4.4　本章小结 …… 69

第5章　汇率变动与企业出口：异质性检验 ... 71

5.1 企业特征层面的异质性检验 ... 73
5.1.1 计量模型及总体回归结果分析 ... 74
5.1.2 贸易伙伴类型角度的异质性分析 ... 85
5.1.3 企业所有制角度的异质性分析 ... 90
5.1.4 贸易类型角度的异质性分析 ... 94
5.1.5 所属行业角度的异质性分析 ... 98
5.1.6 持续出口时间角度的异质性分析 ... 102

5.2 汇率波动对企业出口的异质性影响 ... 106
5.2.1 模型构建及数据说明 ... 107
5.2.2 门限回归模型的检验结果 ... 109
5.2.3 国别数据的再检验 ... 110

5.3 本章小结 ... 113

第6章　汇率变动与企业出口：关键因素分析 ... 115

6.1 汇率变动、进口中间品与企业出口 ... 117
6.1.1 问题的提出 ... 117
6.1.2 计量模型及基本实证结果 ... 119
6.1.3 进一步分析：分组检验 ... 124

6.2 汇率变动、融资环境与企业出口 ... 133
6.2.1 问题的提出 ... 133
6.2.2 模型构建及实证结果分析 ... 135
6.2.3 进一步分析：企业上市行为的影响 ... 147

6.3 本章小结 ... 153

第7章　结论与政策启示 ... 155

7.1 主要结论 ... 157
7.1.1 关于汇率变动与企业出口行为 ... 157

7.1.2　关于企业特征层面的汇率变动的异质性影响 ………… 157
7.1.3　关于汇率波动的非线性影响 …………………………… 158
7.1.4　关于汇率变动影响企业出口中进口中间品的作用 …… 158
7.1.5　关于汇率变动影响企业出口中融资环境的作用 ……… 159
7.2　政策启示 ……………………………………………………… 159
7.2.1　企业层面 ………………………………………………… 160
7.2.2　政府层面 ………………………………………………… 161

附　录 ……………………………………………………………… 163
参考文献 …………………………………………………………… 183
重要术语索引 ……………………………………………………… 197

第1章

导 论

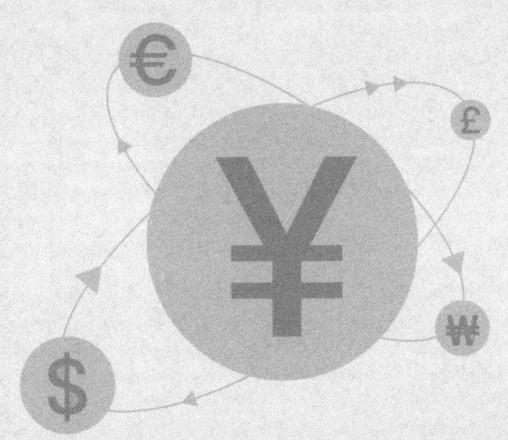

第1章 导 论

本章对全书总体情况进行了说明,主要包括以下内容:第一部分介绍选题背景,阐述选题的理论意义及现实意义;第二部分介绍相关概念、主要研究内容及研究方法;第三部分是本书的创新点与不足。

1.1 选题背景和意义

1.1.1 选题背景

自"二战"以来,全球化进程不断加速,全球贸易占世界产出的比重不断增加,尤其是近年新兴经济体出口贸易的卓越成就备受瞩目,汇率变动对出口贸易的影响也一直被视作当今经济研究关注的重点。自布雷顿森林体系崩溃后,汇率体制不断变化,名义汇率和实际汇率的明显波动,各国贸易的日益频繁,以及愈加复杂的国内外经济金融市场环境和国际资本流动格局,使得汇率对出口贸易的影响越来越复杂。汇率市场化一直是中国金融改革的方向,这意味着未来汇率的波动可能会大幅增加。企业的出口行为与汇率存在紧密的联系,因此以出口企业为主的贸易参与者需要为未来人民币更加频繁的波动做好准备,而研究汇率变动对出口企业的影响也具有现实意义。

改革开放以来,中国的经济总量高速增长,除了政府招商引资的强势支持,FDI对经济增长的原动力和加速器的关键作用外(随洪光,2017),也在很大程度上得益于劳动成本的比较优势,出口贸易得以迅速增长,中国逐渐成为"世界工厂"。中国加入WTO后,向世界各国的出口量不断增加,导致中国相对于其贸易伙伴国而言处于贸易盈余的状态。中国国家统计局网站的统计数据显示，2001年中国对外出口贸易总额为20634.4亿元，2018年出口贸易总额为164176.68亿元，增至2001年的近8倍，年均增长率高达13.1%；与此同时，2001年中国贸易顺差为18638.8亿元，2018年增至23302.99亿元。可见，中国近年来在贸易领域尤其是出口贸易方面取得了卓越的发展成绩，成为全球出口市场上一颗举世瞩目的明珠。然而汇率问题与经济及对外贸易的增长相生相伴，随着中国出口贸易地位的不断上升，人民币汇率问题也引来诸多争论，以美国为代表的发达国家质疑中国采取的固定汇率制度，中国政府甚至遭到"操纵人民币汇率""以低估的币值获取贸易利益"的批判。

中国政府一直以来都非常重视人民币汇率改革。2005年7月21日，中国政府正式宣布人民币实行管理浮动，迈出汇率改革的一大步。尽管随后人民币开始浮动且进入了升值的阶段，但中国的贸易仍然持续着盈余状态（即出口大于进口的情况）。2013年末到2014年1月中旬，在美联储继续削减货币发行规模、新兴市场货币动荡的背景下，人民币曾呈现升值趋势，而2014年1月末，人民币汇率又出现急跌。2014年3月5日公布的《政府工作报告》中提到"保持人民币汇率在合理均衡水平上的基本稳定，扩大汇率双向浮动区间，推进人民币资本项目可兑换"，这意味着随着人民币汇率形成机制改革的深化和市场决定性作用的发挥，人民币汇率变动将成为常态。

图1.1呈现了2000年1月—2014年4月月度人民币实际有效汇率波动与中国的出口总额之间的关系，从中可以看出，2005年之前汇率波动的幅度较小，2005年后汇率波动的幅度明显增大，十多年来中国的出口总额总体呈现上升趋势。值得注意的是，2005年后汇率与出口贸易之间的变化趋势更为复杂。本书认为，2005年7月人民币汇率制度改革后人民币汇率的变动趋势更加明显，而汇率的变动势必会对出口需求产生影响。从2005年以来人民币对美元的波动情况以及中国总出口贸易的变化趋势可以看出，两者之间并非简单的线性关系。在全球经济一体化不断深入和汇率频繁波动的情形下，科学分析汇率变动与出口

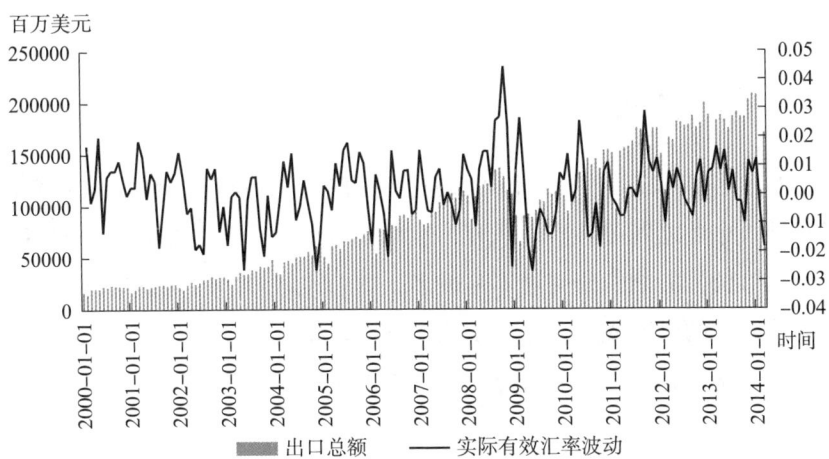

图 1.1 2000—2014 年月度人民币实际有效汇率波动与出口总额

贸易之间的关系,对于保持中国经济持续稳定增长十分必要。

汇率变动与出口贸易之间的关系虽然一直都是经济研究关注的重点领域之一,但是目前大多数的研究只是基于宏观的国家层面、中观的行业层面进行分析,新贸易理论框架下的研究也忽视了参与出口贸易的主体——企业层面的研究。本书认为,有必要从企业层面研究汇率变动对出口贸易的影响:首先,不同企业的产品出口到不同的国家或地区,事实上面对的是不同的汇率变动,即使贸易结算货币是美元,贸易伙伴国货币与美元之间也会有折算的过程,即会涉及贸易伙伴国货币与人民币之间的交叉汇率的问题。其次,同一家出口企业有可能同时出口到以不同货币结算的国家或地区,同样需要考察人民币对多种货币的汇率变动情况。最后,因出口企业在出口的商品结构、贸易类型、企业性质等方面存在差异,汇率变动对不同企业会产生差异化的影响。中国海关进出口数据库和中国工业企业数据库提供了翔实的企业层面的数据,有助于就人民币汇率改革及全球化趋势的经济背景下汇率变动对企业出口造成的影响这一问题展开研究。不同的出口企业是否会作出差异性的反应?汇率变动对企业出口的作用是否会受到一些关键因素的影响?对这些问题的深入解答将会全面呈现汇率变动所带来的出口动态,将研究结论嵌入现实之中,有助于为预测人民币汇率变动对中国经济的影响以及汇率、贸易等相关政策的制定提供有力的参考。

1.1.2 选题意义

21世纪以来，经济全球化的进程不断推进，国际贸易理论研究逐渐被纳入企业之间的异质性研究，然而目前在异质性框架下探讨汇率变动对出口贸易影响的研究还不是很多。本书针对中国的现实情况，基于国内外已有的研究成果，进一步就汇率变动如何影响中国企业的出口行为展开系统研究。本书的研究意义主要体现在以下两个方面：

1.1.2.1 理论意义

汇率变动对出口贸易及各国经济发展的影响是当前学术界关注的焦点。本书基于新新贸易理论，系统考察汇率变动对企业出口的异质性影响，并结合进口中间品、融资能力等影响因素进行分析，从而丰富和拓展了已有的理论体系。目前，国内外已有很多学者开展汇率变动对出口贸易影响的研究，但现有研究大多从国家或行业等宏观层面进行分析，微观层面的研究相对薄弱和分散。在发展中国家面临较大汇率变动的既定事实下，对汇率变动影响出口贸易的理论研究具有拓展意义，将为这一领域的研究提供新的思路。

1.1.2.2 现实意义

在中国对外贸易发展较快的背景下，研究汇率变动对中国企业出口的影响，以及企业异质性行为及其影响因素，可为客观评估人民币汇率形成机制改革对企业出口行为的影响提供来自微观企业的证据。当前人民币汇率波动趋势越发明显，中国出口产品附加值较低，产出质量不高（高越，2019）。在此背景下，本书可以为中国出口企业在国际市场竞争中作出出口决策提供指导。此外，本书研究结论和提出的具体对策对其他发展中国家出口贸易的发展也具有重要的借鉴价值。

1.2 概念界定、研究内容与方法

1.2.1 相关概念界定

本书研究的是中国企业层面的汇率变动和出口之间的关系，有必要对涉及的关键变量的概念加以明确和辨析。

1.2.1.1 汇率

众所周知，汇率即两国货币之间的兑换比率，也就是一个国家的货币相对另一个国家的货币的价值。要考察一国货币对其他国家多种货币的综合对价关系，就需要引入有效汇率的概念。根据能否剔除通货膨胀的影响，有效汇率可以分为实际有效汇率和名义有效汇率。实际有效汇率比名义有效汇率更能反映一国出口企业在国际市场上的竞争能力。汇率指标的选择对于研究汇率与企业出口行为之间的关系至关重要。在进行总量层面的研究时，通常选用加总的贸易权重计算汇率。为提高研究的精确性，在研究企业层面出口问题时，本书认为采用实际有效汇率能够更好地衡量贸易商品的综合竞争力。同时，由于本书研究对象是中国的出口企业，为保证研究结论的准确性，书中涉及的汇率均指具体到企业层面的实际有效汇率。中国人民银行于2010年第三季度发布的《货币政策执行报告》中，以专栏形式对有效汇率的概念及其对中国的意义进行了评述。该报告认为，企业实际有效汇率对企业贸易计价和结算的实际汇率水平的代表性更大，对企业的经营和财务决策更具参考意义。本书1.1.1部分关于从企业层面研究汇率变动对出口贸易影响的必要性的阐述，同样可作为从企业层面构建汇率指标的充分理由，因此，本书参照戴觅和施炳展（2013）的做法，以企业与其贸易伙伴国的贸易权重计算双边汇率，并进一步构建企业层面的实际有效汇率。本章重在界定该变量的概念，详细计算过程见后文实证分析部分。

1.2.1.2 汇率变动

已有关于汇率变动的研究主要集中在两个层次（王自锋，2009），一是汇率水平的变化，二是汇率波动程度的影响。大部分的研究仅侧重于其中的一个方面。为保证研究的全面性，本书所指的汇率变动包含了汇率水平的变化和汇率波动幅度两个方面。汇率水平的变化即货币相对价值的改变，包括货币贬值和货币升值，间接标价法下汇率值的增加意味着货币升值，反之，则意味着货币贬值。汇率波动指汇率变化的剧烈程度。目前衡量汇率波动的方法有很多，如以增长率的形式和以汇率对数一阶差分的标准差的形式。本书在进行分析时，将根据不同的需要来选择汇率波动的计算方式。汇率变动指标的构建将在实证分析中详细阐述。

1.2.1.3 企业出口

已有对企业出口行为的研究包括诸多方面（陈勇兵等，2012），由于研究的侧重点有所不同，已有研究对出口行为还没有统一的定义和标准，本书主要集中在出口集约边际和出口扩展边际两个方面。首先，本书将出口集约边际定义为出口规模，即企业的出口额，这是已有的出口贸易研究中广泛采用的指标。但如果一国出口单纯追求集约边际的增长，可能会因过分追求出口数量扩张导致过低的出口商品价格，从而不利于该国贸易条件的改善，因而应同时关注一国出口在扩展边际上的增长。因此，本书将同时考察汇率变动对企业出口扩展边际的影响。借鉴杨汝岱和朱诗娥（2013）的做法，本书将企业出口扩展边际定义为企业出口国家数和企业出口商品种类数。

1.2.1.4 企业异质性

本书的一大重点在于关注出口企业在面临汇率变动时的异质性反应，因此有必要对异质性这一关键词的概念加以界定。自2003年起，新新贸易理论研究者开始加入企业异质性进行分析，异质性主要体现在生产率方面的差异。由于本书考察的是汇率变动对企业出口的影响，因此书中涉及的异质性是指出口企业之间特性的差异，可看作上述情况的拓展。从某种程度上来说，本书中异质性的概念是更广义的异质性，包括企业特征差异和汇率变动两个层面。

首先，本书强调企业特征层面的差异。笔者认为，企业特征能够影响出口决策。目前，已有文献大多关注企业所有制、所属行业类型等因素对企业出口决策的影响。本书在总体分析汇率变动影响企业出口的基础上，进一步考察了具有不同特性的企业在面临汇率变动时的差异反应，这构成本书第一个层面的异质性。

其次，本书着力分析同一企业在不同汇率变动区间的出口决策的差异性。已有文献关于汇率变动影响出口的研究多得出正负不一的线性结论，然而汇率自身形成过程的多变性可能会对企业出口产生非线性的影响。基于上述考虑，本书将企业面临的汇率变动幅度的差异作为第二个层面的异质性。

1.2.2 研究内容

本书拟借鉴异质性贸易理论的研究成果，从中国参与出口贸易的异质性企业的现实情况出发，采用中国企业层面的数据实证分析汇率变动对不同企业的差异影响，并将在日益开放的经济形势的背景之下考察汇率变动对企业出口贸易过程中可能存在的关键因素的作用，最后提出政策建议。

1.2.2.1 研究思路

具体地，本书将从以下五个方面展开：

（1）介绍研究背景、意义等，并以文献综述的形式概述汇率变动对企业出口的影响及可能受到的关键因素的作用，形成本书的主体研究逻辑。

（2）通过建立具有微观基础的理论模型，将本书的研究逻辑纳入一个系统的分析框架。

（3）对人民币汇率形成机制进行介绍，使用国家层面的数据描绘人民币汇率制度改革前后中国出口贸易总额随汇率变动的变化趋势。同时，对微观层面的数据进行特征性的事实分析，考察出口企业的异质性现状，为实证分析铺垫现实基础。

（4）本书拟采用中国微观层面的出口企业数据进行实证分析：①根据企业特征对样本进行分组检验，从而较好地考察汇率变动对于异质性企业出口收益及出口国家、出口商品种类数的影响；②将汇率变动本身作为异质性的一个维度，研究不同汇率变动区间对企业出口的非线性影响；③结合全球化的经济形势，依次分析进口中间品、融资环境等关键因素在汇率变动影响企业出口行为中的作用。

（5）总结全文，根据实证分析的结果为企业应对汇率变动、中国发展出口贸易以及人民币汇率市场化改革等提供相应的政策建议。

1.2.2.2 研究方案设计

本书研究的主要环节为：总体方案设计→文献梳理、归纳→构建理论模型→数据处理→实证检验→结果分析→结论与启示→成果优化→完成。图1.2为本书的技术路线。

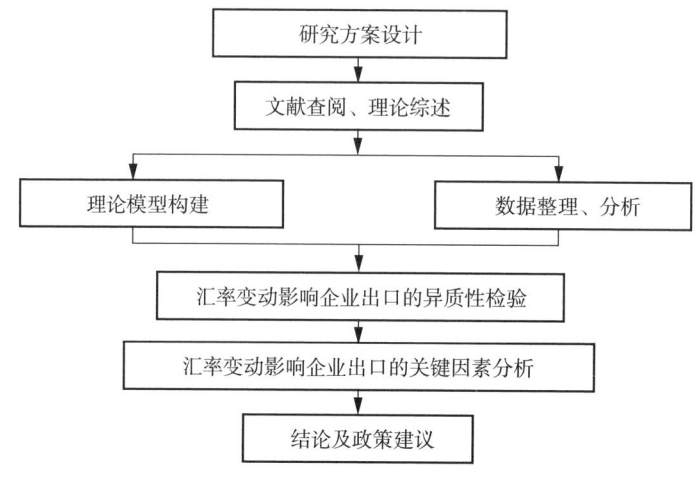

图1.2 本书的技术路线

1.2.3 研究方法

本书拟从异质性企业的角度解析汇率变动对企业出口行为的影响，并就汇率对企业出口传递过程中的关键因素进行分析。为此，本书力求做到多角度与多层次相结合，具体来说，所采用的主要研究方法包括：

（1）新古典经济分析与新新贸易理论相结合。新古典经济学多进行局部均衡和一般均衡分析，在此基础上结合新新贸易理论，就汇率变动的异质性问题进行全面的经济学分析。

（2）定性分析与定量分析并重。定性分析包括借助图表、曲线等对事实情况的直观说明，以及运用归纳和演绎、分析与综合等方法对各种材料进行思维加工；而定量研究则是对所选样本数据的数量特征、关系及数量变化的分析。在研究过程中，将定性研究与定量研究相结合，并在各个层面上有所侧重，有助于对中国出口企业面临汇率变动时的反应进行深入分析。

（3）数理分析与实证检验相结合。首先，通过抽象思维进行逻辑推理和文字演绎，并进一步借助局部均衡等数理经济学模型推导出本书的相关理论假说。继而，根据问题需要，尽可能地综合利用多种统计和计量分析工具（如面板数据模型、非线性内生门限模型等）就相关问题进行实证检验，以提高研究结论的可信度和稳健性。

1.3 本书的创新点与不足

本书借鉴现有关于汇率变动影响出口贸易的相关理论与实证研究，从理论上探讨出口企业在面临汇率变动时的异质性反应及关键因素的影响，并运用中国的微观企业层面的数据对此进行实证研究。相比已有研究，本书的创新点主要包括：

（1）企业层面实际有效汇率的测算。使用企业层面贸易加权的实际有效汇率指标，相比已有研究是一大创新之处。使用这一指标具有以下优势：首先，可以克服使用总体实际有效汇率估计而产生的总体偏误；其次，已有研究采用总体层面的实际有效汇率意味着对所有企业而言汇率是等同的，则汇率变动对企业出口贸易的影响主要体现在时间层面，不利于捕获汇率冲击对企业的异质性反应。

（2）基于2000—2009年中国海关数据库和中国工业企业数据库匹配的微观企业数据进行分析，样本数据的优势在于时间跨越人民币汇率制度改革前后，涵盖出口值、出口目的国、财务状况等详细的企业信息。上述两大微观企业数据库为按照企业特征分组考察汇率变动对异质性企业的影响提供了便利，从而能够更好地理解企业在面临汇率变动时所作出的出口决策。

（3）拓展了企业异质性的维度，不仅从企业特征的异质性角度来分析汇率变动对不同企业出口行为（包括企业出口集约边际和扩展边际）的差异性影响，还分析不同区间的汇率变动对企业出口行为的非线性影响。

（4）基于当今国际经济形势，分别从进口中间品、融资环境的角度探讨汇率变动对企业出口贸易过程中的关键因素的影响，较为全面地分析了开放经济环境下汇率变动与企业出口行为之间的关系。

同时，本书也存在以下两点不足：

（1）为保证分析过程中企业信息的充分性，使用中国海关进出口数据库和中国工业企业数据库进行匹配后的企业层面的数据进行分析，但是中国工业企业数据库的相关数据仅截止到2009年，因此对2009年以后的情况无法获知，这成为本书不可避免的缺憾之一，在更新数据后，对该领域的研究仍值得继续进行。

（2）随着目前全球经济形势的变化，汇率变动在影响企业出口的过程中，可能受更多新的因素的影响，受篇幅所限，本书在分析过程中仅考虑进口中间品和融资环境两方面，其他关键因素的作用还有待进一步的研究。

第 2 章

文献综述

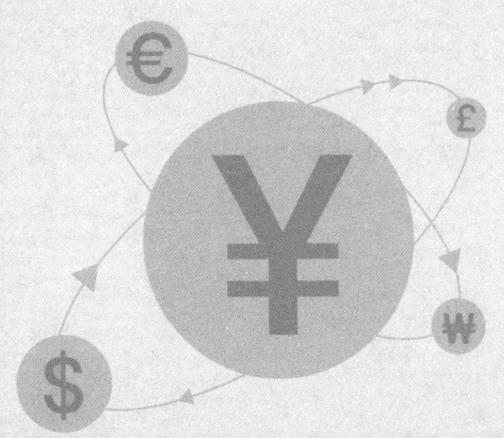

汇率变动与国际贸易之间的关系一直是开放经济中备受关注的话题，尤其是在金本位制结束后汇率变动大大增加的背景下，对汇率与国家贸易的研究更是成为学术界热衷的焦点，2008 年全球经济危机后，有学者开始就汇率变动对贸易的影响展开研究（OECD，2011）。本章将对已有关注汇率变动对出口贸易影响的理论与实证研究进行综述，并对当前经济形势下汇率变动影响出口贸易的过程中涉及的一些影响因素进行归纳。

2.1　汇率变动与出口贸易：一般性分析

有关汇率变动影响国际贸易的研究始于 20 世纪 40 年代。研究汇率变动对出口贸易影响的文章主要集中在两个层面：一是汇率水平的变化（货币升值或者贬值）对出口贸易的影响；二是汇率波动程度对出口贸易的影响。总体来看，这些研究中关于汇率变动对出口贸易的影响总结如下：①汇率水平变化的价格效应。汇率变化首先反映在商品的相对价格上，通过改变一国出口商品的国际竞争力而对出口贸易产生影响（IMF，1984；姜波克，2001；Fang 等，2006；OECD，2011）。②汇率变动意味着风险增大，进而会导致企业出口成本的增加，风险厌恶型的企业会减少出口（Clark，1973；Hooper 和 Kohlhagen，1978；Cushman，1983；Giovannini，1988）。此类研究多基于完全竞争、风险厌恶等严格的假设条件，汇率变动的净贸易效应取决于出口企业的相对风险厌恶水平，本书将其概括为风险效应。③汇率变动预期会减少未来收益，企业则尝试通过增加产出及出口的方式来弥补由于预期汇率变动引致的利润损失；汇率变动可能会给企业带来更多的获利机会。可见，汇率变动会对贸易产生正向影响（Franke，1991；Sercu 和 Uppal，2003），本书将其概括为预期收入效应。④汇率变动会对一国资源配置（Belke 和 Setzer，2003）和政府政策产生影响，从而间接影响出口贸易，尤其是国际金融危机后，汇率更是被视为金融冲击对实体经济产生影响的传送带（Irwin，2011），本书将其概括为资源配置效应。⑤汇率变动不仅作用在企业的出口收益上，还会促进企业改变其出口决策，如是否拓展出口市场、是否增加出口商品种类等（Chatterjee 等，2013；Colacelli 等，2010），本书将其定义为扩展效应。

2.1.1 价格效应

历史证明，汇率变动必然会冲击到一国的对外贸易。重商主义流派最早提出货币贬值有利于本国获取贸易利益。大卫·李嘉图的比较优势理论对重商主义的论断加以改进，提出货币贬值对贸易的改善需基于诸多条件。李嘉图的观点随后被马歇尔、勒纳等学者吸收并拓展。一国汇率水平的变化（货币升值或贬值）通过改变该国产品在出口市场上的相对价格，进一步影响出口商品的需求和供给，这是汇率变动对出口贸易最直接的影响，也是传统分析所强调的汇率变动的价格效应（赵勇，雷达，2013）。国际收支弹性理论认为，贸易额的变化取决于汇率引起的单位价格的变化和商品单价引起的贸易数量的变化这两个因素。本部分将简单梳理汇率水平变化影响出口贸易的相关研究，并从长短期效应的角度进行分析。

已有大量文献对汇率变化和出口之间的关系进行了研究。Fang 等（2006）就 8 个亚洲经济体的汇率贬值对出口贸易的影响效应进行研究，发现贬值促进了大多数国家的出口贸易，但是对出口增长率的贡献较小，并且在各个国家存在差异性。Bernard 和 Jensen（2004）分析了美国 1987—1992 年制造业出口激增的原因，认为汇率的变化对出口贸易的增加起到了重要的决定作用。Freund 和 Pierola（2008）运用跨国面板数据进行分析，发现大幅的实际汇率贬值对发展中国家的出口有重要作用，尤其是汇率贬值，可以促进企业进入新的市场以及生产新产品，这能解释发展中国家 25%的出口增长率。Haddad 和 Pancaro（2010）为实际汇率和出口增长之间的关系提供进一步的依据，发现两者之间的正相关性仅存在于人均收入水平较低的国家，尤其是人均收入低于2500美元的发展中国家，汇率贬值50%将带来未来五年内年均出口占GDP比重1.8%的上升；同时，他们发现汇率贬值的长期出口贸易效应对所有国家而言均不显著。

IMF（1984）从汇率风险的角度进行分析，与早期的理论研究思路保持一致，主要探讨波动的长短期效应对贸易、预期利润以及贸易和非贸易部门之间的资源配置产生的影响。从长期来看，汇率的变化并不改变相对价格，如果市场不存在扭曲，汇率变化的长期贸易效应并不存在，因而对目前汇率波动长期贸易效应的研究多是基于市场失灵的框架展开。姜波克（2001）认为，货币贬值对出口的促进是短期的，但长期而言会被货币供应—预警机制、劳动生产率—经济结构机制抵消。Freund 和 Pierola（2010）认为，在一国货币贬值的时候，如果允许该国出口商进入国外市场，就会克服原有的市场无效，这种长期效应在发展中国家更加明显。对于汇率变化的长短期贸易效应，经济理论给出了两个重要的说明：一是汇率变化可被看作减少失灵并刺激增长的次优机制（Rodrik，2008）；二是汇率变动对贸易造成多大程度的影响取决于其他国家的行为（Henry，2008）。

由此可见，短期的汇率变化对一国贸易水平的影响有正负之分。对此，较难给出准确的原因或解释。一些文献指出，汇率波动的短期贸易效应取决于某些特定的条件，如出口商品的计价货币形式等（Staiger 和 Sykes，2010），这在一定程度上反映出汇率变化的短期效应并不遵循某一特定的模式。OECD（2011）在考察美国、欧盟和中国这三大经济体的汇率变化对其贸易影响的研究中指出，汇率变化对农产品出口贸易的短期效应显著大于制造业产品，对此的解释为：一是农产品贸易的同质性更高；二是价格传导机制在农产品和制成品之间存在差异。OECD在后续研究中将研究对象锁定为两个开放经济体（中国和新西兰），结果表明这些国家的汇率变动对贸易的影响更为明显。

2.1.2 风险效应

目前若干模型在分析汇率波动对贸易的影响时是建立在贸易商是风险厌恶的前提下的，汇率变动对风险厌恶型企业出口的影响主要体现在不确定性增大和沉没成本增加等方面。不确定性是直接作用于企业出口行为的路径之一，Clark（1973）描述完全竞争条件下一个不使用进口投入且只出口的企业行为，由于文中模型具有企业规模较小、只有外币收入、没有外汇套期保值等诸多严格的假定，汇率波动直接作用于企业从出口贸易中获得的利润，在这种情况下，企业的出口行为仅取决于汇率水平。Baron（1976）放松了Clark（1973）的假定条件，着重从定价货币的角度进行分析：如果出口商采取外国货币定价的形式，汇率变动意味着价格风险，因而出口收益具有不确定性；如果出口商采用本币定价，汇率变动则意味着数量风险，进口商面临的产品价格不确定会导致进口需求量的不确定，也就是说，出口商的出口量具有不确定性。Hooper 和 Kohlhagen（1978）同样基于风险厌恶的前提，从供给和需求两个角度分析汇率波动对贸易价格、贸易水平的影响。随后，有较多学者就汇率波动对国际贸易的负面影响进行研究（Cushman，1983；Giovannini，1988；Bini-Smaghi，1991；等等）。他们的研究和Clark（1973）的研究一样，均建立在非常严格的假设条件之下，其主要结论就是汇率波动能够降低企业的出口收益，从而减少贸易动机。在局部均衡的框架下进行分析是这些文章的一个共同特点。

国际货币基金组织（International Monetary Fund，IMF）（1984）从汇率风险的角度分析汇率波动对国际贸易的影响，与早期的理论研究思路保持一致，主要探讨波动的长短期效应对贸易、预期利润以及贸易和非贸易部门之间的资源配置产生的影响。从长期来看，汇率的变动并不改变相对价格，如果市场不存在扭曲，汇率波动的长期贸易效应并不存在，因而目前对汇率波动长期贸易效应的研究多是在市场失灵的框架下展开。2008年全球经济危机后的贸易崩溃吸引了诸多学者进行相关研究。Novy 和 Taylor（2013）从不确定性的角度解释了国际贸易在面临经济冲击时的波动,他们基于开放条件下的理论推导,采用美国月度进口数据和工业生产数据进行实证分析,验证了不确定性和贸易之间的强相关性。Oskooee 和 Bolhassani(2014)研究了美国和加拿大的汇率不确定性和贸易之间的关系,结论显示,汇率波动对贸易流的短期效应强于长期效应。Jantarakolica 和 Chalermsook(2012)以即期和远期汇率方差来衡量汇率风险,指出汇率变动对泰国的纺织服装业出口造成负向影响,同时文章将次贷危机作为虚拟变量引入模型中,进一步得出次贷危机中由汇率变动导致的出口大幅下滑对泰国经济造成了显著的影响。

　　Roberts 和 Tybout(1995)指出,汇率等市场变量的临时变化通过改变企业行为决策而导致市场结构和出口的永久改变。为解释面临汇率变动时出口企业的行为决策,很多学者开始关注沉没成本的作用。相关研究表明,沉没成本对企业进入出口市场的决定具有重要影响(Campa,1993;Roberts 和 Tybout,1997;Cullstrand,2011)。Campa(2004)指出,沉没成本影响出口市场参与主要是通过既有出口企业调整贸易量(集约边际)的方式,而不是通过改变现有出口企业数量的方式(扩展边际)。Sinani 和 Hobdari(2000)在理论模型的基础上,进一步采用爱沙尼亚的企业数据分析了沉没成本对企业参与出口市场的影响,认为在面临汇率变动时,从事出口贸易的企业为了避免再次进入的沉没成本,仍然会选择保持出口的状态。非出口企业进入出口市场面临沉没成本,汇率波动同样会增加出口的沉没成本,这可被看作一种对无形资产的投资。事实上,投资成本会有一定程度的不可逆性,也就是说,当市场条件变得更糟时,有一部分成本(沉没)是不可挽回的。因投资的不可逆性而产生的沉没成本以及调整成本会导致价格波动和投资之间呈负相关关系(Pindyck,1991),因此沉没成本的增加会导致出口的下降。Moller(2011)的研究发现,汇率变动的不确定程度不同时,出口商受沉没成本的影响有差异。

　　也有学者从进口商的角度进行分析,认为对风险厌恶型的进口商而言,汇率变化意味着未来支出的不确定性的增加,因而这些进口商会选择本国商品来替代进口,由于汇率变动涉及贸易双方,一方进口减少自然意味着另一方出口的减少（Akhtar 和 Hilton，1984）。

2.1.3 预期收入效应

早期的理论研究多支持汇率对出口产生负向影响的假设，然而事实并非绝对如此。有一部分学者认为，汇率与出口呈正相关关系（Franke，1991；Doyle，2001；Bredin 等，2003），汇率变动除了会给出口商带来风险，也有可能给他们带来收益。预期收入效应是指汇率变动可以从化解潜在风险和带来利润机会两方面增加企业出口：汇率变动代表汇率风险的增加，企业由汇率风险增加预期到自身的出口收入会有所降低，这会促使企业当期选择更大的出口规模来弥补预期的利润损失；另外，也有一部分学者认为，出口行为如同一个卖出期权，如果汇率水平有利于出口企业，就会选择将产品销售到国外市场，反之则不销售，相应地，出口企业的利润可看作期权利润，在汇率水平有利时卖出期权可增加利润。

Franke（1991）指出，汇率变动可以增加出口企业的预期收益，从而可能促进企业出口。De Grauwe（1988）的研究指出，汇率变动对企业出口产生收入效应和替代效应两方面的影响，对于风险厌恶的贸易商而言，为弥补大的汇率波动造成的单位出口收益的下降，这样的企业往往会选择更多的出口，也就是说，收入效应相对替代效应来说，占据了主导地位，从而导致汇率波动与贸易变化之间呈现正相关关系。Kumar（1992）指出，汇率波动对总的贸易水平的影响是不确定的，但汇率的波动会对产业内贸易产生正向影响。Kumar 对此的解释是汇率风险可以被看作对相对本国的部门而言具有比较优势的出口部门的一种"征税"形式，如果比较优势减弱，贸易经济体的专业化程度将减弱，产业内贸易将会增加。Baum 等（2004）、Baum 和 Caglayan（2010）的研究均显示，在某些情况下，汇率变动对国际贸易具有正向促进作用。

Coe（1994）的研究指出，汇率风险会造成潜在的价格差异，因而会增加从国际贸易中获利的机会。Franke（1991）提到，在汇率变动性增大时，企业会选择快速地进入和缓慢地退出，总体来看，出口企业的数量是增加的。随着金融交易的日益发展，汇率风险的对冲交易也变得越来越普遍，尤其是在发达国家，频繁的汇率变动滋生了多种期权交易，这使得汇率变动对国际贸易的负向作用减弱，甚至汇率变动能够有效地促进国际贸易。Sercu 和 Uppal（2003）基于随机游走的一般均衡模型进行分析，指出当金融市场存在对冲交易时，汇率变动对国际贸易的影响取决于汇率变动的来源，当汇率变动由要素禀赋的变化引起时，可增加预期的贸易流。不过 Arize 等（2000）指出，借助对冲交易来消除汇率风险的做法有限制条件。例如，Coe（1994）提到，对工业化国家而言，短期的汇率风险可以通过远期汇率市场对冲；但是对发展中国家而言，远期汇率市场可能并不存在。

2.1.4 资源配置效应

从长期来看，汇率变动会实现一国资源的重新配置，起到促进生产结构升级的作用，这主要是由于汇率变化对一国不同行业的利润率会产生不同的影响，利润率的差异为资源配置指明了调整方向。本书以升值为例进行说明：首先，汇率升值会对生产出口产品的行业出口产生不利影响，降低该行业出口企业的本币利润；汇率升值将降低生产进口替代品的行业进口产品的本币价格，相较而言，进口替代产品在国内市场的价格就会较高，因而进口替代产品行业的利润会受损。其次，汇率升值会降低贸易产品的本币价格，以贸易产品为原材料、中间产品的生产行业的生产成本因此降低，该类行业的利润随之增加；对内向型企业而言，由于它们与国际市场的联系很少，因而汇率升值对其利润影响相对较小。综上分析，一国货币升值后，投资资本会随利润而发生转移，劳动力也随之转移，从而导致产业结构发生改变，进一步地，出口的比较优势会发生改变，最终又会影响出口。Broll 和 Eckwert（1999）的研究表明，拥有较大国内市场的出口企业可以将其产品在国内市场和国际市场之间进行合理的配置，汇率变动可以增加其国际贸易的预期收益。

21世纪以来，汇率错位的作用得到关注，学术界和政界关于汇率变动与出口贸易之间的关系的讨论开始转向汇率错位对出口贸易增长产生的长短期影响。汇率错位对出口贸易的影响体现在以下两个方面：一是政府干预（包括资本管制和外汇市场干预等）。政策干预会影响实际汇率水平，继而影响出口贸易。二是为实现国内经济目标而制定的宏观政策的副作用或者国际金融市场的扭曲（Eichengreen，2007）。汇率错位影响国际贸易主要通过价格效应和资源配置效应两条渠道（Auboin 和 Ruta，2013）。价格效应是指汇率变动会对出口产品的价格产生直接影响，这一影响跟出口商品的定价方式直接相关。资源配置效应是指汇率错位会改变企业的投资决策，从而导致贸易部门和非贸易部门之间资源的重新配置。黎艳（2008）指出，汇率变动可以引起生产要素在部门间的移动，从而导致一国生产要素资源配置的变化，同时汇率变动会使资本的收益率随之改变，这进一步促使资本在国家之间进行流动，最终对一国生产要素的数量和结构产生影响。汇率变动通过以上两条路径促进出口商品结构的变化，进而影响到出口贸易流。

2.1.5 扩展边际效应

Hummels 和 Klunow（2005）指出，出口产品数量的增加、出口市场的扩大以及每个市场每种产品出口额的增加构成一国出口增长的三个方面。杨汝岱和朱诗娥（2013）在新新贸易理论异质性假设的基础上，进一步定义扩展边际和密集边际为企业出口边际的两个方面。出口扩展边际涉及企业出口商品种类数及出口市场两个维度；集约边际则是每个出口市场的出口额。需要引起重视的是，如果一个国家只是单纯地追求集约边际层面出口的增长，将会造成以过低的出口商品价格换取出口收益的情况，这会对一国贸易条件的改善造成不利影响，因而既要顾及一国出口集约边际增长，也应兼顾其扩展边际的增长。Eaton 等（2004）发现，法国出口总量的变化主要来自企业扩展边际的增长。钱学峰（2013）指出，中国出口的稳定增长和贸易利益的有效改善有赖于出口扩展边际。目前来看，较多学者研究贸易自由化对企业扩展边际的影响。例如，Baldwin 和 Gu（2009）基于加拿大制造业企业数据进行研究后发现，当美国进口产品关税减少时，加拿大的大企业和出口企业不会减少产品种类，而小企业和非出口企业则会减少产品种类。

已有诸多研究证明，一国仅有少量企业从事出口贸易（Eaton 等，2000），且规模较大的出口企业往往出口到多个国家或者出口多种商品（Arkolakis 和 Muendler，2010；Iacobone 和 Javorcik，2010；Eckel 等，2011），汇率变动或将对企业关于出口市场及出口商品种类的决策产生影响。赵勇和雷达（2013）所建立的理论模型把汇率变动对出口的影响分解为对已进入出口市场企业的出口额变化及通过引起临界生产率变动所导致的贸易关系的变化两个方面。相应地，实证部分主要分析汇率变动的价格效应（通过影响出口价格而影响出口额）以及资产平衡表效应（通过影响外币资产价值而影响新贸易关系的建立），结果发现，出口扩展边际的存在、金融市场不发达及外资企业的存在等因素导致了"汇率不相关之谜"的出现。Berthou 和 Fontagne（2013）基于法国微观层面的数据，研究以欧元的诞生为契机的贸易成本的下降对出口边际（包括出口商品种类数、平均出口额等方面）的影响，结果显示，欧元的产生意味着欧元区内国家间汇率变动减弱，从而促进企业做出扩大出口产品范围的决策。1997—2006 年，巴西经历了较大幅度的汇率波动。Chatterjee 等（2013）基于巴西海关数据，对这一期间巴西生产多种产品的出口企业在面对汇率变动时调整出口价格、商品范围等的情况进行了研究，发现在货币贬值时，企业倾向于提高生产者价格、扩大出口商品范围。Colacelli 等（2010）基于 1981—1997 年 136 个国家的数据进行研究，得出的结论是：双边汇率波动对出口贸易的影响约有 70% 是通过影响出口的扩展边际造成的。这与 Chaney（2008）得出的结论一致。此外，还有一些学者研究汇率制度对出口的二元边际的作用。Bergin 和 Lin（2008）指出，货币联盟采取直接盯住的汇率制度时，对贸易流量的作用主要体现在集约边际上，不存在汇率波动的情况下，汇率制度对贸易流量的作用将体现在扩展边际上。

综上所述，已有考察汇率变动影响企业出口行为的研究中，基于出口扩展边际视角的研究还比较匮乏，而扩展边际是出口的重要组成部分，因此，本书实证研究中将充分考虑汇率变动对出口企业扩展边际的影响，从而保证研究的全面性。

2.2 汇率变动与出口贸易：异质性分析

2003年以前，汇率变动对国际贸易的影响多是基于总量层面的分析，随着企业层面数据信息的可获得性的不断提高，从企业层面研究微观个体行为的研究开始涌现（Goldberg和Verboven，2001）。同时，新新贸易理论的诞生开启了汇率研究的新篇章。从出口企业的异质性这一角度来看，最基础的问题就是市场参与者在面临汇率变动时的反应是否存在异质性。在新新贸易理论中，企业异质性多以生产率为标准。本书在分析汇率变动对企业出口行为的影响时，拟将企业异质性扩展至企业所属行业类型、所有制类型等企业特征层面的异质性，以及汇率变动层面的异质性。

2.2.1 企业特征层面的异质性分析

Demir（2013）指出，汇率波动对经济活动的传递效应最终取决于企业及国家特征，如企业外向程度、进口依赖度等均可影响企业应对汇率冲击的能力。Bernard等（1995）对国际贸易中企业异质性现象的开创性研究，首次使用美国制造业企业的微观数据考察出口企业和非出口企业的特征差异，此后，关于企业异质性的经验研究开始涌现。随后，新新贸易理论模型中纳入企业层面异质性，且伴随企业层面数据信息可获得性的不断提高，关于汇率问题的理论研究和实证研究也开启了企业异质性的新篇章。异质性理论模型更是拓展至企业内部的产品层面，基于企业行为视角研究汇率变动如何通过影响企业行为而影响对外贸易，并结合企业层面数据展开诸多实证研究。

Berman等（2009）分别从理论和实证层面分析了不同企业应对汇率变化的不同反应，以生产率和生产质量标准划分企业类型，认为出口的固定成本产生的自选择效应使得高生产率的企业进入出口市场，货币贬值时高绩效的企业通常选择增加其市场份额而不是增加出口量，低绩效的企业则会选择相反的决策。Berman 等（2012）在企业异质性的框架下分析了不同企业的出口价格和出口额在面临汇率变动时的反应，发现高绩效的企业出口对汇率变化的敏感性较差，相比进口价格，汇率变动对出口价格的传递性更强。Campos（2013）指出，当货币贬值时，已有出口企业的定价方式与新进入的出口企业的定价方式并不相同，由此解释了总体层面的汇率不完全传递性。

Omojimite 和 Akpokodje（2010）指出，汇率波动对企业出口造成的影响跟企业所从事的贸易类型、企业自身生产结构等因素有关，这也反映出汇率变动影响企业出口具有异质性行为特征。Oskoosee 和 Wang（2007）从产品层面研究汇率对贸易流产生的影响，可以更好地识别汇率变动对不同行业出口产品的差异影响。Li 等（2013）基于异质性企业贸易模型考察企业在面临汇率变化时的进口行为决策，基于中国海关进出口企业数据进行实证分析，发现本国货币升值时，更多的企业开始从事进口贸易，且进口产品的种类和进口额也随之增加，扩展边际效应占据主导地位。Strasser（2012）在研究汇率变动对企业行为决策的影响时，将样本按照企业规模、行业所属类型和金融危机前后时段等标准进行分组，继而研究异质性企业行为特征。Caglayan 和 Demir（2013）在异质性的基础上研究实际汇率变动对企业生产率、融资水平及出口贸易的影响，指出能够获得融资约束的企业可以很好地应对汇率变动带来的冲击，企业出口的外向程度、企业规模及生产率、获利性都是出口企业应对汇率冲击的影响因素。

近年来，国内也有一些学者就汇率变动与企业出口之间的关系展开研究，在考虑企业异质性特征的基础上，研究人民币汇率变动对出口贸易的深入影响。李宏彬等（2011）的文章是国内首篇以企业层面数据测算进出口贸易汇率弹性的文章，该文的研究结论显示，人民币升值对高科技行业和资本密集型行业的企业出口冲击较大。Tang 和 Zhang（2011）同样基于海关进出口数据进行研究，发现人民币升值增加了企业退出出口市场的概率，不同商品价格的汇率传递程度差异不大。黄小兵（2011）将汇率因素引入异质性贸易模型，运用中国企业的微观调查数据实证分析汇率波动对生产率高的企业和生产率低的企业出口的异质性影响。华秀萍和杨科（2014）基于不同类型出口企业的调查分析，从微观角度分析了人民币升值对出口企业的影响，发现汇率升值对高科技出口企业影响相对较小，而对一般出口企业的影响较大。张会清和唐海燕（2012）基于 Heckman 选择模型，采用 2005—2009 年中国工业企业数据研究人民币升值对出口贸易的影响，发现不同行业中的出口企业在面对人民币升值压力时的表现具有差异性，且人民币贬值对企业出口的促进作用要强于人民币升值对企业出口的抑制作用。张欣和张刚（2014）基于微观数据，侧重于从生产率异质性的视角研究汇率变动对出口企业盈利能力的影响。高越（2019）在研究人民币汇率对价值链嵌入度的影响时发现，人民币升值对企业全球价值链嵌入度提升的作用，因嵌入程度高低及企业所有制、生产率和融资约束的不同而有所差异。这为本书的异质性研究提供了思路。总体来说，已有研究多数是研究国外企业，国内研究汇率变动对出口贸易的影响多是基于宏观层面或者行业层面，但宏观层面的出口是由存在较大差异的微观出口企业这一市场主体的出口商品汇总而成，因而基于宏观层面以及商品层面数据的研究难以准确体现企业异质性的影响。随着中国微观层面数据可获得性的增大，有必要就汇率变动对中国企业出口的异质性影响进行检验，从而为相关政策的制定提供更加准确的证据参考。

2.2.2 汇率变动层面的异质性分析

关于汇率变动对贸易影响的诸多研究得出了并不一致的结论。Ozturk（2006）对 1970—2000 年 43 篇有关汇率波动影响的文章进行了调查，结果显示，假定条件、估计方法及样本国家、时间等方面的选择差异导致这些研究得出了相当宽泛、混合的结论。但是，Verheyen（2013）指出，早期研究由于估计方法受限而停留在线性研究的层次，非线性研究还比较匮乏。

从理论的角度来看，Brollet 等（2006）运用投资组合理论分析了一国国际企业的生产决策，指出汇率风险的增大对贸易具有负向、正向还是中性的作用取决于企业的相对风险厌恶程度。Baldwin（1990）构建了一个包含沉没成本的模型，指出汇率变化与企业进入或者退出市场的决策并非简单的线性关系。Wincoop（2000）通过建立一个一般均衡模型检验了固定汇率和浮动汇率制度下汇率的波动对一国贸易及社会福利的影响，指出一国汇率贬值对其贸易的影响并不明确，一方面贬值不利于该国进口，但另一方面本国需求的增加又将刺激进口，因而汇率波动的净贸易效应取决于包括需求部门及供给部门的一系列的设定变量。陈六傅等（2007）采用 GARCH 模型分析人民币实际汇率波动风险对六大类企业出口的差异性影响，指出这种差异性与企业风险意愿、出口商品质量等因素有密切关系。Fang 等（2009）认为，汇率变动对出口贸易的影响不是对称的，这种非对称性来源于：①不同国家或程度的央行干预造成实际汇率水平的不确定性（Mckenzie，2002）；②根据国外市场竞争程度等所采取的不对称的随市定价行为（Knetter，1994；Marston，1990）；③企业所选择的不同的对冲行为（Koutoms 和 Martin，2003）。

Kannebly（2008）运用门槛协整模型对巴西的出口问题进行研究，结果表明巴西的出口在长期的均衡调整过程中具有显著的非线性特征。Baum 等（2009）基于1980—1998 年 13 个国家的月度双边贸易数据实证检验了汇率变动对贸易流的影响，结果表明两者之间并非简单的线性关系，汇率变动通过收入变化这一渠道对国际贸易产生间接效应。Belke 等（2009）对德国的出口进行了门槛估计，结果显示存在某个门槛值（1.55 美元/欧元），即在欧元升值至大于 1.55 美元的情形下，汇率变动对出口的影响并不显著。随后，Belke 等（2012）研究了德国国际贸易标准分类（SITC）标准下的出口商品情况，结果表明某些 SITC 大类下的商品的出口受到的是汇率波动的滞后影响。Verheyen（2013）基于 Shin 等（2011）的非线性分布滞后模型，对 12 个经济货币联盟对美国的出口展开研究，考察出口企业对汇率变动的反应是否具有非线性，结果表明在该研究中所设定的线性模型假定中有 50% 被拒绝。目前，已有少数国内学者对汇率波动对出口贸易的非线性影响展开研究：

封福育（2010）在考察中国整体出口贸易受汇率变动影响时采用了门限回归模型研究，但该研究并未区分不同出口目的国；姜昱等（2011）基于17个贸易伙伴国的数据考察汇率波动对出口贸易的非线性影响，但是没有理论上的铺垫。由此可见，人民币汇率波动对中国出口贸易的非线性影响的研究还能从诸多方面进行拓展，并且是非常有必要的。

综上可见，无论是理论层面还是实证层面，汇率变动对出口贸易的影响均未得到一致的结论，且受研究方法的限制，已有关于汇率变动对出口贸易影响的研究（尤其是实证研究）大多是得出非正即负的单调线性结论，目前比较缺乏非线性关系的研究。然而，需要注意的是，经济生活中人民币实际汇率自发由一个非线性的过程而成，从这一角度来看，完全会出现汇率变动对出口贸易产生非线性影响的结果（封福育，2010）。另外，从出口贸易的角度来看，小到产品、行业属性的差异，大至国家属性的差异，无不造成汇率变动对出口贸易的影响具有差异性。综合以上两点，若在同质性的假定条件下研究汇率变动对出口贸易的影响，势必具有一定的局限性，而非线性模型能更好地描述经济事实。目前，仅有少数研究从非线性关系的角度考察汇率变动对出口贸易的影响，因而非线性关系的研究还存在广阔的拓展空间。更重要的是，非线性研究是非常有必要的。本书将汇率变动产生的非线性影响纳入异质性框架，旨在考察不同汇率变动区间对企业出口的差异性影响，这也是本书对传统的异质性研究的拓展。

2.3 汇率变动与出口贸易：影响因素分析

早期理论模型的较为严格的假定条件逐步放松后，汇率与出口贸易之间的关系愈加复杂。随着全球经济一体化的不断推进，汇率变动对出口贸易的最终影响越发受制于多种因素。在前文的阐述中，我们了解到，在早期的研究中，汇率变动对出口贸易的影响取决于出口企业的相对风险厌恶水平（De Grauwe，1988；Dellas 和 Zilberfarb，1993）等因素，本部分则基于开放的经济环境，重点从进口中间品、金融因素等方面对汇率变动对出口贸易的影响的相关研究展开综述,从而为后文的实证分析做好逻辑铺垫。

2.3.1 进口中间品

相比传统的从宏观层面研究汇率变动对出口贸易影响的文献,近期的研究领域更加广泛,同时,汇率对贸易的影响并不是一成不变的。受全球化的影响,供应链已经延伸到世界范围,生产环节所需的中间品跨越国界供应,显著地刺激了国际贸易。全球化背景下,汇率波动对贸易的影响将与先前的情况不同,出口导向型的贸易模式是中国出口贸易持续繁荣的一大原因。在这种模式下,进口贸易处在"为出口而进口"的从属地位(仉荣,吕永铮,2011;李淑云,2019;于国才,2019)。李淑云(2018)指出,进口可以通过影响企业生产率和出口来降低企业生存风险。从进口中间品的角度来探讨汇率变动对企业出口行为的影响,是其中一个重要的拓展领域。

有些学者提出,汇率变动影响企业出口的相关研究得出不一致结论的原因在于是否忽略了出口企业进口中间品的现实,也就是说,中间品进口是影响汇率传递的重要因素。李淑云(2018)认为,企业对投入品进口可以节约生产成本,为企业实现持续经营创造成本优势。戴翔和张二震(2010)通过研究发现,进口中间品可以从出口产出能力扩张效应和出口多样化效应两个方面对出口贸易产生显著的积极影响。Bas和 Kahn(2010)基于法国企业层面数据进行研究,指出企业进口中间品种类增加时,可以从扩展边际上增加企业的出口。李淑云(2019)将投入品进口对企业生产率的影响机制概括为产品技术溢出、产品种类效应、产品质量效应三个方面。Power 和 Riker(2013)在研究中提到,名义汇率对出口企业成本的影响是有限的,其中一个重要的原因是出口企业的成本以另一国货币计入。由进口中间品产生的抵消效应导致诸多微观层面研究汇率变动对企业出口的影响的文献呈现出较为混合的结论:Bernard 和 Greenawa(2008)发现,汇率和企业出口之间没有必然的联系;而 Bugamelli 和 Infante(2003)、Campa(2004)、Greenaway 等

(2008）的研究则表明，汇率升值对企业出口具有负向作用。

汇率变动可以从利润水平和成本水平两个方面影响出口企业的决策，进口中间品的作用体现在成本方面。实际汇率升值时，会导致以外币表示的本国商品或服务的价格增加，与此同时，会降低该国进口中间品的本币价格（Hummels 等，2001）。对使用进口中间品的出口企业而言，本国货币升值虽然提高了该企业商品的出口价格，但进口中间品价格的下降在一定程度上降低了企业的出口成本，因而借助进口中间品这一途径可以部分地抵消由于货币升值导致的出口下降。Goldberg 和 Campaign（2010）的研究指出，进口中间品份额是影响汇率冲击消费者价格的主要渠道。Berman 等（2012）发现，企业进口中间品在汇率变动影响出口价格的过程中具有良好的自然对冲效应。Greenaway 等（2010）在对英国制造业企业进行研究后，也得出类似的结论，即进口中间品份额较大的企业受到汇率升值的负向影响较小。Shi 和 Xu（2010）的研究发现，汇率波动与汇率传递对进口中间品价格的影响紧密相关，当汇率对进口中间品的价格影响较小时，汇率波动的影响相对较弱。Campa 和 Goldberg（1997）指出，汇率变化对出口贸易的影响受企业外向程度的影响，外向程度不仅包括企业向国外出口商品和服务，还包括企业从国外进口中间品。Greenaway 等（2010）基于1988—2004年英国制造业企业层面的数据，分析企业在面临汇率变动时的反应，得出货币升值对企业出口具有负向作用的结论，但是当考虑进口中间品时，汇率变动对企业出口的影响变得不显著。Dong（2012）指出，近年来汇率变动对美国进出口贸易的影响呈减弱状态，究其原因，是全球贸易模式下企业出口过程伴随着从国外进口中间品，因而汇率变动从两个相反的方向影响企业行为。Amiti 等（2014）指出，大的出口商往往也是大的进口商，这可以解释汇率变动对出口贸易影响的不完全传递性。他们基于比利时2000—2008年的企业数据进行实证分析，结果显示，由于抵消效应的存在，汇率变动对进口密集型出口企业的影响明显较小。

还有一些学者研究进口中间品对企业生产率的影响，而企业生产率必然会影响其出口行为,因此,本书也对这些文献做了简单的梳理。在贸易自由化背景下,通过进口中间品可以获得发达国家的技术溢出,因而中间品投入对企业可产生"学习效应"(Mendoza,2010;于国才,2019)。Krugman(1979)指出,进口中间品可以通过技术溢出效应增加企业的产出,对出口企业而言,产出的增加也会在一定程度上带动出口的增加。诸多学者基于企业层面微观数据对进口中间品对企业生产率影响的研究得出并不一致的结论(Amiti 和 Konings,2007;Kasahara 和 Rodrigue,2008;Damijan 和 Kostevc,2010;等等),其中对中国企业的研究还比较少,从进口中间品对生产率的影响过渡到对企业出口的影响的研究更是少之又少。戴翔和张二震(2010)通过研究发现,进口中间品可以从出口产出能力扩张效应和出口多样化效应两个方面对出口贸易产生显著的积极影响。Bas 和 Kahn(2010)基于法国企业层面数据进行研究,指出企业进口中间品种类增加时,可以从扩展边际上增加出口。Dhasmana(2013)对转型期内印度250家制造业企业进行研究后发现,短期内实际汇率变化通过进口成本渠道对企业绩效的影响要大于出口竞争力渠道。

总体来看,从进口中间品的视角研究汇率变动对出口贸易的影响的研究少之又少,但相关文献均为本书从进口中间品的角度分析汇率变动对企业出口的影响提供了思路。基于现有研究的不足,本书将在日益开放的经济背景下,基于2000—2009年中国企业层面的数据讨论中国企业出口在面临汇率变动时进口中间品的作用,以期为新经济形势下企业规避汇率变动的冲击提供经验借鉴。

2.3.2 金融因素

学者们对金融因素影响出口的研究由来已久。近年来,新新贸易理论框架下金融发展、融资约束对企业出口行为决策的影响的相关研究更是不断涌现,其作用机理主要从价格决定等角度体现。本部分在梳理金融因素与出口之间关系的基础上,进一步引入关键解释变量汇率变动,侧重于对金融因素在汇率变动影响出口过程中的作用的相关文献进行梳理。

　　Greenaway 等（2007）较早使用英国制造业企业层面数据研究融资约束对出口参与决策的影响。Chaney（2005）在 Melitz（2003）的模型中加入流动性约束后，进一步指出，企业在流动性约束条件下进入国际市场的固定成本难以克服，造成出口的客观障碍。Berman 和 Hericourt（2010）同样支持了融资约束能够对企业二元边际产生影响的观点。鉴于出口扩展边际在总体出口增长中的重要作用，Colacelli 等（2010）从扩展边际的角度指出信贷约束对企业出口的影响，研究表明，信贷约束确实能够显著影响出口扩展边际，并有可能成为异质性反应的一种解释。慕绣如和孙灵燕（2017）从理论和实证两个方面对生产率和融资异质性对企业出口的作用进行了分析，认为融资水平的提升会促进出口。以上分析有助于我们理解金融因素对企业出口的重要性，因此笔者认为有必要在分析出口企业对汇率变动的反应时进一步纳入金融因素。

　　诸多研究表明，汇率波动的不确定性造成对资金流动性要求较强的出口企业从银行系统融资困难，进而影响到其产出（Bernanke 和 Gertler，1990）。

　　如今，许多出口企业在从事贸易的过程中很大程度上会依赖贸易信贷，事实上，2008 年国际金融危机后各国 GDP 中的出口占比就呈现不同程度的下降，从而吸引大批学者开始关注贸易信贷在出口贸易中的作用。Amiti 和 Weinstein（2011）指出，相比国内销售，企业出口对银行系统稳定性的要求更高，出口企业在面对金融冲击时的反应更加敏感，且贸易信贷可能影响到企业的决策行为。Strasser（2012）在汇率不完全传递的前提条件下，通过对企业层面的调查数据进行研究发现，相比不存在信贷约束的企业，存在信贷约束的企业的行为更接近理论预期，这部分企业的出口行为与汇率密切相连；同时，他认为信贷紧缩对企业出口额和企业长期的最优定价行为均会产生影响。Chaney（2005）指出，当本国货币升值时，存在融资约束的企业进入出口市场的动机会更加明显。Dekle 和 Ryoo（2007）基于 1982—1997 年日本分布在 14 个出口行业的 105 家企业数据进行实证分析，结果表明，企业的现金流或融资受到冲击后，其影响更加强烈，而且融资约束能够更加显著地影响企业在面临汇率波动时的反应。他们指出，存在融资约束的企业出口受汇率波动的影响会更大。Benhima（2012）基于 1995—2004 年 76 个新兴经济体和工业国家的面板数据的研究表明：一国外币表示的外债份额越低，汇率波动对该国经济增长的影响就越小。其研究结论也证实了信贷约束将影响汇率的经济效应的观点。Hericourt 和 Poncet（2013）基于 2000—2006 年来自中国的 10 万多家出口企业的数据，研究实际汇率对企业层面出口是否受金融约束的影响，结果表明，企业出口额及是否进入新市场的决策都随汇率波动的增加而降低，且对融资能力较弱的企业来说更加明显，较高的金融发展水平能够更好地抵消汇率波动对企业出口的负向作用。

从金融市场的角度来看，金融市场越发达，出口企业转移汇率风险的有效方式越多，抵挡汇率变动不利影响的融资渠道也越多。Aghion 等（2009）认为，在汇率波动影响生产率的过程中，地方金融发展起到关键性作用，研究结论显示，实际汇率波动对生产率的不利影响会随着金融发展程度的增加而减弱。Guillou 和 Schiavo（2011）指出，融资条件是在汇率变动影响企业利润的过程中必须考虑的重要决定因素，生产率较低的出口企业的利润水平对汇率变动缺乏敏感性，相反，生产率高的企业对汇率变动极具敏感性，且面临上市的成本上升时，生产率较高的企业的利润对汇率变动的敏感性降低。由此可见，上市行为作为一种融资渠道，会影响企业对汇率变动的反应。Manova（2012）指出，金融市场的发展程度对企业出口规模以及是否进入出口市场的决策具有重要影响，并且相对于国内生产，金融市场对出口贸易的影响更大。Caglayan 等（2013）从金融发展的角度对汇率与出口贸易的关系进行了考察，结果显示，金融发展能够改善汇率对出口的不利影响。Berman 和 Berthou（2006）指出，以外币借款和信贷约束来表示的发展中国家金融市场的不完全性会降低这些国家货币贬值时的出口反应。Caglayan

（2013）从生产率效应的角度来解释汇率变动对企业出口的影响，指出发展中国家在面临较大汇率波动幅度和资本市场的不完全时，借助外部市场融资可以有效地应对汇率波动的冲击，进而保持企业的竞争优势。Demir（2013）认为，从债券市场和国内外股票市场获得融资，意味着金融市场的开放，这会形成生产率效应，进而在一定程度上缓冲汇率波动给企业出口造成的不良影响。现有研究中，企业生产率与企业出口之间的关系得到证实。基于Demir（2013）的结论，笔者认为，金融发展水平的高低及融资环境的优劣或将在汇率波动影响出口过程中扮演重要角色。IMF（2009）认为，对一个缺乏完善的金融系统的国家而言，交易成本会显著增加，这构成一种贸易壁垒，因而金融系统与国际贸易之间具有强相关性。Kurihara（2013）实证检验了汇率波动和金融发展对国际贸易的影响。不过，关于金融发展与汇率波动之间关系的研究大多仍停留在宏观领域。

尽管目前国内已有许多学者研究金融因素与企业出口之间的关系，但是在考察汇率变动影响企业出口的文献中，考虑金融因素的研究还较少，仅有赵勇和雷达（2013）在金融发展的视角下分析出口的二元边际及中国的"汇率不相关之谜"。他们的研究结论显示，导致"汇率不相关之谜"的重要原因在于外部金融市场的不发达，外部金融市场发展水平的提高能够放大汇率变动对出口的影响；赵勇和雷达（2013）只是基于宏观数据进行了实证研究，未涉及企业层面，更未涉及异质性问题。对像中国这样的新兴经济体而言，金融市场、汇率以及出口贸易无不是应当受关注的领域，企业面临的金融要素在汇率变动影响企业出口中的作用究竟如何值得研究。本书将在后续章节就汇率、金融因素、企业出口之间的关系进行探究，重在考察汇率变动影响企业出口的过程中融资环境（包括企业内外源融资及地区金融发展水平等方面）的作用。为进一步充实研究结论，本书还将考察企业上市行为的作用。

2.4 本章小结

通过对汇率变动影响出口贸易的研究进行综述，笔者发现，目前从宏观及中观层面研究汇率变动影响出口贸易的较多，而从企业层面考察汇率变动对企业出口行为影响的研究较少，且微观层面的研究多数关注的是发达国家的出口企业，基于异质性前提考察出口企业在面临汇率变动时是否具有差异化反应的研究更是罕见。与此同时，已有关于汇率变动影响出口贸易的研究大多得出正负不一的单调线性结论，但是汇率形成过程的非线性以及汇率传递过程的复杂性支持从非线性的视角审视汇率变动对出口贸易的影响，只是目前有关汇率变动非线性影响的文献还较少。随着经济全球化的不断推进，国与国之间的经济贸易关系愈加复杂，汇率变动对出口贸易的影响或将与先前有所不同。目前，在一个开放系统框架下考察汇率对出口的作用受到哪些因素影响的研究还相对缺乏。

基于以上分析，总体来说，从企业层面研究出口受汇率变动的影响能够为我们提供更清晰的结论，对关键因素的考察更能为企业决策提供切实的指导。

第3章

汇率变动与出口：理论分析

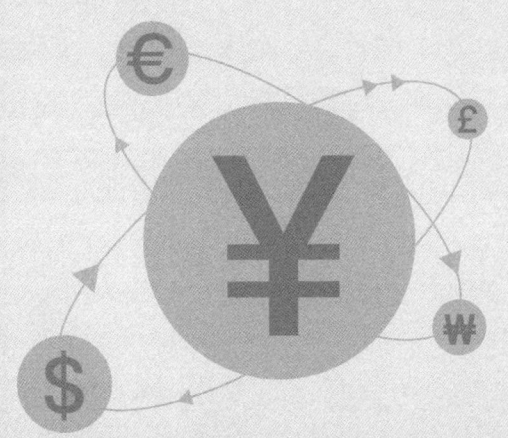

本章通过构建理论模型来分析汇率变动对出口企业行为的影响。汇率作为内生变量，可通过生产率这一路径影响出口行为（Ghironi 和 Melitz，2005；Atkeson 和 Burstein，2008）。

3.1 需求、供给及市场均衡

3.1.1 国外代表性消费者的需求

假设 i 国出口至 N 个国家，j 国代表性消费者的效用函数可表示为

$$U(C_j) = \left[\int_X x(\varphi)^{\frac{\sigma-1}{\sigma}} d\varphi\right]^{\frac{1}{\sigma-1}} \tag{3.1}$$

其中，$x(\varphi)$ 是 j 国代表性消费者对 i 国出口企业 φ 生产的 φ 产品的需求；φ 也表示企业的生产率水平（$1/\varphi$ 表示生产 1 单位产品所需的劳动力）；供出口的产品种类加总为 X；$\sigma>1$ 为不同种类产品间的替代弹性。

假设贸易成本由冰山成本、固定成本及配送成本组成。其中，冰山成本为 $\tau_j(\tau_j>1)$，即 τ_j 单位的出口产品仅有 1 单位可以运达 j 国；出口到 j 国的固定成本为 $F_j(\varphi)$；配送成本由到达 j 国的产品量确定，每单位产品需要 j 国 η_j 单位的劳动力运送。假设 i 国出口企业的生产成本和出口的固定成本受其自身生产率的影响，而 j 国所需劳动力的数量 η_j 不受 i 国出口企业劳动生产率的影响，则以 j 国货币表示的产品 φ 的消费价格为

$$p_j^c(\varphi) = \frac{p_i(\varphi)\tau_j}{e_{ij}} + \eta_j\omega_j \tag{3.2}$$

其中，$p_i(\varphi)$ 为 i 国货币表示的生产价格；ω_j 为 j 国的工资水平；e_{ij} 表示 i 国和 j 国之间的汇率水平，当 e_{ij} 增加时，i 国货币贬值。

j 国对 φ 产品的需求为

$$x_j(\varphi) = Y_j P_j^{\sigma-1} \left[p_j^c(\varphi) \right]^{-\sigma} \tag{3.3}$$

Y_j 为 j 国的收入水平，P_j 为 j 国的价格指数。

3.1.2 本国代表性出口厂商的供给

i 国出口 $x_j(\varphi)\tau_j$ 单位产品的成本为

$$C_i(\varphi) = \frac{\omega_i x_j(\varphi)\tau_j}{\varphi} + F_j(\varphi) \tag{3.4}$$

其中，ω_i 为 i 国的工资水平。综上所述，以 i 国货币表示的 i 出口企业向 j 国出口的利润水平为

$$\pi_i(\varphi) = \left[p_i(\varphi) - \frac{\omega_i}{\varphi} \right] \times x_j(\varphi)\tau_j - F_j(\varphi) \tag{3.5}$$

垄断竞争条件下，由 i 国企业利润最大化过程的一阶条件可计算以本币表示的 i 国出口到 j 国的产品 φ 的价格：

$$p_i(\varphi) = \frac{\sigma}{\sigma-1} \left(1 + \frac{\eta_j q_{ij} \varphi}{\sigma \tau_j} \right) \times \frac{\omega_i}{\varphi} = m_i(\varphi) \times \frac{\omega_i}{\varphi} \tag{3.6}$$

其中，$q_{ij} = \dfrac{e_{ij}\omega_j}{\omega_i}$ 为 i 国与 j 国之间的实际汇率水平，$m_i(\varphi)$ 随着汇率 q_{ij} 和生产率 φ 的增加而增加。进一步地，$p_i(\varphi)$ 可以表示为

$$p_i(\varphi) = \frac{\theta}{\theta-1} \times \frac{\omega_i}{\varphi} \tag{3.7}$$

其中，$\theta = \dfrac{\sigma\tau_j + \eta_j q_{ij}\varphi}{\tau_j + \eta_j q_{ij}\varphi} > 1$，且 $\theta < \sigma$。一般而言，高生产率的企业具有低的替代弹性，可以在一定程度上解释其价格的上涨；同样，本币贬值导致 θ 减小，也可以解释其出口产品价格的上涨。i 国实际汇率对生产价格的影响弹性可以用式（3.8）来表示：

$$e_{p_i(\varphi)} = \frac{dp_i(\varphi)}{dq_{ij}} \times \frac{q_{ij}}{p_i(\varphi)} = \frac{\eta_j q_{ij} \varphi}{\sigma\tau_j + \eta_j q_{ij}\varphi} \tag{3.8}$$

j 国货币表示的产品 φ 的消费价格为 $p_j^c(\varphi) = \dfrac{p_i(\varphi)\tau_j}{e_{ij}} + \eta_j \omega_j = \dfrac{\sigma \omega_j}{\sigma-1}\left(\dfrac{\tau_j}{q_{ij}\varphi} + \eta_j\right)$，$i$ 国实际汇率对 j 国消费价格的影响弹性可以表示为

$$e_{p_j^c(\varphi)} = \frac{dp_j^c(\varphi)}{dq_{ij}} \times \frac{q_{ij}}{p_j^c(\varphi)} = -\frac{\tau_j}{\tau_j + \eta_j q_{ij}\varphi} \tag{3.9}$$

式（3.3）中 j 国对 φ 产品的需求可进一步表示为

$$x_j(\varphi) = Y_j P_j^{\sigma-1} [p_j^c(\varphi)]^{-\sigma} = Y_j P_j^{\sigma-1} \left[\frac{\tau_j}{q_{ij}\varphi} + \eta_j\right]^{-\sigma} \omega_j^{-\sigma} \left(\frac{\sigma-1}{\sigma}\right)^{\sigma} \tag{3.10}$$

$$P_j = \left(\sum_h^N L_h \int_{\varphi_{hj}^*}^{\infty} \left[\frac{\sigma \omega_j}{\sigma-1}\left(\eta_j + \frac{\tau_{hj}}{q_{hj}\kappa}\right)\right]^{1-\sigma} dG(\varphi)\right)^{\frac{-1}{\sigma-1}} \tag{3.11}$$

其中，q_{hj} 为 h 国和 j 国的双边实际汇率，τ_{hj} 为 h 国出口到 j 国的贸易成本。假定 h 国生产率大于 φ_{hj}^* 的企业才会向 j 国出口，h 国出口企业的个数与其劳动人数成比例。j 国货币升值导致 j 国价格指数加大，从而使得 i 国对 j 国的出口下降。由汇率引起的 i 国向 j 国出口量的变化弹性可以表示为

$$e_{x_i(\varphi)} = \frac{dx_i(\varphi)}{dq_{ij}} \times \frac{q_{ij}}{x_i(\varphi)} = \frac{\sigma \tau_j}{\tau_j + \eta_j q_{ij}\varphi} \tag{3.12}$$

出口企业以 i 国货币表示的出口额对于汇率变化的弹性等于出口价格和出口量两者弹性之和，即

$$e_{\text{value}_i(\varphi)} = e_{p_i(\varphi)} + e_{x_i(\varphi)} = \frac{\eta_j q_{ij}\varphi + \sigma \tau_j}{\tau_j + \eta_j q_{ij}\varphi} = 1 + \frac{\sigma \tau_j - \tau_j}{\tau_j + \eta_j q_{ij}\varphi} > 0 \tag{3.13}$$

命题 1：出口额的变化与汇率的变化成正比，即货币贬值导致出口额增加，而出口额增加的幅度 $e_{\text{value}_i(\varphi)}$ 与企业生产率 φ、汇率自身水平 q_{ij} 及贸易伙伴国参与配送的劳动力数量 η_j 相关。因此，不同企业面临汇率变化时可能具有异质性的反应。

3.2 汇率的不确定性

汇率变动包括汇率变化和汇率波动。在全球化形势下，错综复杂的经济关系导致企业面临的汇率波动的不确定性增强。为进一步考察汇率波动对企业出口的影响，这里借鉴 Handley（2011）的理论框架来进行分析。

汇率波动是一个事前未知的随机变量，但企业可以对汇率波动的影响形成预期。假设发生汇率波动的概率为 γ，汇率稳定对应较小的 γ 值，企业面临的汇率波动系数 v'[①]服从 $[0, v_{max}]$ 区间上的 $H(v')$ 分布，v 的数值越大，表示汇率波动冲击越大。

基于上述假定，$t+1$ 期汇率波动冲击的条件期望和方差分别为

$$E_t(v_{t+1}) = (1-\gamma)v_t + \gamma E(v') \tag{3.14}$$

$$Var_t(v_{t+1}) = (1-\gamma)[v_t - E(v')]^2 + \gamma Var(v') \tag{3.15}$$

其中，$E(v')$ 为无条件汇率期望。不确定性情形下，企业在进入出口市场可获得的收益 R^1 与沉没成本 K_e 的差值等于不进入出口市场的收益 R^0 时进入出口市场。本书假定此时汇率波动冲击系数为 v_1，也就是说，企业选择进入出口市场和等待进入[②]的无差异条件为

$$R^1(v_1) - K_e = R^0(v_1) \tag{3.16}$$

当汇率波动冲击系数 v_t 小于 v_1 时，企业选择进入出口市场，对应的收益为

$$R^1(v_t) = \pi(v_t) + \beta[(1-\gamma)R^1(v_t) + \gamma ER^1(v')] \tag{3.17}$$

当汇率波动冲击系数为 v' 时，出口的预期收益为

$$ER^1(v') = E\pi(v') + \beta[(1-\gamma)ER^1(v') + \gamma ER^1(v')] \tag{3.18}$$

式（3.18）中，中括号内的两项分别对应没有汇率波动冲击和冲

[①] 本书所讨论的汇率波动系数为绝对值，数值越大，表示波动幅度越大。
[②] 本书将企业选择进入出口市场的状态设为1，不进入出口市场（等待进入）的状态设为0。

击到达时的情况。

相应地，企业选择等待进入出口市场的收益可以表示为

$$R^0(v_t) = 0 + \beta[(1-\gamma)R^0(v_t) + \gamma(1-H(v_1))R^0(v_t) + \gamma H(v_1)(ER^1(v_1 | v \leq v_1) - K_e)] \quad (3.19)$$

式（3.19）中，中括号内的三项分别为没有汇率波动冲击、冲击大于临界值 v_1 及冲击小于 v_1 时的情形。当冲击小于 v_1 时，企业选择出口，这时企业出口的预期效应为

$$ER^1(v_1 | v \leq v_1) = E\pi(v' | v' < v_1) + \beta[(1-\gamma)ER^1(v_1 | v_t \leq v_1) + \gamma ER^1(v')] \quad (3.20)$$

企业进入出口市场的边际条件为 $v_t = v_1$，由式（3.16）至式（3.20）可进一步计算得

$$R^1(v_1) = \frac{\pi(v_1)(1-\beta) + \beta\gamma E[\pi(v')]}{[1-\beta(1-\gamma)](1-\beta)} \quad (3.21)$$

$$R^0(v_1) = \beta\gamma H(v_1)\frac{(1-\beta)E[\pi(v') | v' < v_1] - \beta\gamma E[\pi(v')] - (1-\beta)[1-\beta(1-\gamma)]K_e}{[1-\beta(1-\gamma)][1-\beta(1-\gamma H(v_1))]}$$

$$(3.22)$$

设企业进入出口市场时的收益为 r^u，利润可写为 r^u 和汇率波动幅度系数 v 的函数，将式（3.21）、式（3.22）和式（3.16）联立可得

$$K_e = \frac{\pi(r^u, v_1)}{1-\beta(1-\gamma)} + \frac{\beta\gamma E[\pi(r^u, v')]}{[1-\beta(1-\gamma)](1-\beta)} + \frac{\beta\gamma H(v_1)[\pi(r^u, v_1) - E[\pi(r^u, v') | v' < v_1]]}{[1-\beta(1-\gamma)](1-\beta)} \quad (3.23)$$

借助式（3.23）计算企业在不确定性和确定性环境下的临界收益①之间的关系：

$$r^u = \Theta(v_t) \times r^d \quad (3.24)$$

式（3.24）中，$\Theta(v_t) = \left[\frac{1-\beta+\beta\gamma\Delta(v_t)}{1-\beta(1-\gamma)}\right]^{\frac{1}{\sigma-1}} \leq 1$②，$\Delta(v_t) =$

---

① 上标 u 和 d 分别表示企业面临的是不确定性和确定性的汇率环境。
② 限于篇幅，推导过程有所简化，结果备索。

$$\frac{E(v^{-\sigma})+H(v_t)\left[v_t^{-\sigma}-E(v^{-\sigma}\mid v<v_t)\right]}{v_t^{-\sigma}}。$$

在同一汇率水平下，由不确定性所决定的企业进入出口市场的收益要小于确定性环境下的收益。企业收益与汇率发生波动的概率之间的关系①可以表示为

$$\xi(\gamma)=\frac{d\ln r^u}{d\ln\gamma}=\frac{d\ln\Theta_t}{d\ln\gamma}=\frac{\beta\gamma(\Delta-1)}{\sigma-1}\left\{\frac{1-\beta}{[1-\beta(1-\gamma)][1-\beta(1-\gamma\Delta)]}\right\}<0 \tag{3.25}$$

命题2：不确定条件下企业出口收益要小于确定性环境下的企业出口收益，且当汇率波动的概率增加时，企业的出口收益会降低。

3.3 汇率变动对企业出口的非线性影响

鉴于汇率形成过程的复杂性及非线性，笔者认为就汇率变动对企业出口的非线性影响进行研究非常必要。本书借鉴 Dekle 等（2006）及 Fabiosa（2002）的研究思路展开研究，将汇率变动分解为汇率水平的变动及汇率波动性风险，模型设定的具体内容如下：

（1）假定外国代表性家庭消费（0，1）区间的差异化产品 z，（0，n）区间内为出口国生产的产品，（n，1）区间内为进口国生产的产品。

（2）假定产品 z 由出口厂商采用国内和进口产品投入生产而成，ω_t 为国内投入的单位成本，ω_t^* 为进口投入采用外币定价的单位成本；出口厂商的生产成本要受到汇率变动的影响，$p_t(z)$ 为国内产品 z 的本币价格，$p_t^*(z^*)$ 为国外产品 z^* 的外币价格。

（3）假定出口厂商采用进口投入生产而得的产出与进口投入水平成常数比 $q_{zt}=\eta\kappa_t^*$，其中 η 为投入产出比。

---

① 为计算简便，本书将式（3.24）取对数后再计算临界收益对发生汇率波动的概率的导数。

(4)假定出口厂商成本为线性函数形式,即 $C(\omega_t, \omega_t^*, q_{zt}, e_{ij}, \eta) = \omega_t q_{zt} + \omega_t^* e_{ij} \frac{q_{zt}}{\eta}$,$e_{ij}$ 为采用直接标价法描述的汇率水平。

(5)假设在国内销售 q_{zt}^h 单位的 z 产品,向国外出口 q_{zt}^f 单位的 z 产品。

(6)假定汇率为服从正态分布的随机变量,即 $e_{ij} \sim N(e, \sigma_e^2)$,$\sigma_e^2$ 可表示汇率风险。

由此,代表性出口厂商的利润函数可表示为

$$\pi_t = q_{zt}^h p_t(z) + q_{zt}^f p_t^*(z) e_{ij} - \left(\omega_t + \frac{\omega_t^* e_{ij}}{\eta}\right)(q_{zt}^h + q_{zt}^f)$$

服从正态分布 $\pi_t \sim N(\pi, \sigma_\pi^2)$

其中,

$$\pi = q_{zt}^h p_t(z) + q_{zt}^f p_t^*(z) e - \left(\omega_t + \frac{\omega_t^* e}{\eta}\right)(q_{zt}^h + q_{zt}^f) \quad (3.26)$$

$$\sigma_\pi^2 = \left[q_{zt}^f p_t^*(z) - \frac{\omega_t^*}{\eta}(q_{zt}^h + q_{zt}^f)\right]^2 \sigma_e^2 \quad (3.27)$$

假定代表性出口厂商的效用函数为绝对风险厌恶效用函数 CARA,期望效用为 $E(\nu) = -e^{-\lambda(\pi - 0.5\lambda\sigma_\pi^2)}$。

代表性出口厂商以最大化期望效用为目标函数,也就是最大化 $\pi - 0.5\lambda\sigma_\pi^2$,根据式(3.26)和式(3.27),$\max \pi - 0.5\lambda\sigma_\pi^2$ 可以转化为

$$\max \left\{ \begin{array}{l} q_{zt}^h p_t(z) + q_{zt}^f p_t^*(z) e - \left(\omega_t + \frac{\omega_t^* e}{\eta}\right)(q_{zt}^h + q_{zt}^f) - 0.5\lambda \\ \left[q_z^f(z) - (q_z + q_z)\right] 2\sigma_e^2 \end{array} \right\}$$

(3.28)

将上式的一阶条件进行转化可得

$$p_t(z) - p_t^*(z)e + \lambda\sigma_e^2 p_t^*(z)\left[q_{zt}^f p_t^*(z) - \frac{\omega_t^*}{\eta}(q_{zt}^h + q_{zt}^f)\right] = 0 \quad (3.29)$$

由式(3.29)可求得出口 q_{zt}^f 对汇率波动的偏导数:

$$\frac{\partial q_{zt}^f}{\partial \sigma_e^2} = \frac{\dfrac{\omega_t^*}{\eta}(q_{zt}^h + q_{zt}^f) - q_{zt}^f p_t^*(z)}{\sigma_e^2\left[p_t^*(z) - \dfrac{\omega_t^*}{\eta}\right]} \tag{3.30}$$

由式（3.30）可知，出口对汇率变动的偏导数的符号并不确定，汇率波动对出口的影响受分子中出口的外汇收入 $q_{zt}^f p_t^*(z)$ 和进口投入的外汇支出 $\dfrac{\omega_t^*}{\eta}(q_{zt}^h + q_{zt}^f)$ 的影响，由此可得出有待检验的第三个研究命题。

命题 3：汇率波动对出口贸易的影响由于受企业进口投入、外汇收入等因素的限制，或将呈现非线性的关系。

3.4 关键影响因素分析

本书第 2 章已基于开放经济背景对汇率变动影响企业出口行为过程中进口中间品、融资环境的重要性进行了综述，下文将进一步加以梳理，拟提出有待检验的第四个命题。

3.4.1 进口中间品的作用

受经济全球化的影响，供应链已经延伸到世界范围，生产环节所需的中间品跨越国界供应。在此背景下，从进口中间品的角度探讨汇率变动对企业出口行为的影响非常有必要。

首先，进口中间品从成本的角度影响汇率变动对企业出口的作用，当实际汇率升值时，会导致以外币表示的本国商品或服务的价格增加。与此同时，该国进口中间品的本币价格会降低，对使用进口中间品的出口企业而言，本国货币升值降低了进口中间品的价格，因而借助进口中间品可以部分抵消由于货币升值导致的出口下降。其次，进口中间品也会作用于汇率波动对企业出口的影响。从式（3.30）可以看出，汇率波动对企业出口的影响会受到进口投入（也即进口中间品）的影响。

另外，进口中间品中包含国外技术溢出，会对企业生产率产生影响，而生产率直接关系到企业的出口状况，也会影响出口对汇率变化的弹性系数，见式（3.13）。

3.4.2 融资环境的作用

有关金融因素影响出口的研究由来已久。近年来，新新贸易理论框架下金融发展、融资约束影响企业出口行为决策的相关研究不断涌现。这些研究有助于我们理解金融因素对企业出口的重要性，因而笔者认为，有必要在分析出口企业面对汇率变动时进一步考虑金融因素。

首先，汇率波动的不确定性造成对资金流动性要求较强的出口企业很难从银行系统融资，进而影响其产出及出口水平。越好的融资环境，越有利于企业应对汇率波动风险。其次，企业所在地区的金融发展水平关系到企业转移汇率风险的可选方式、抵挡汇率变动不利影响的融资渠道等。金融市场的开放、良好的融资环境会形成生产率效应，进而在一定程度上缓冲汇率波动给企业出口造成的不良影响。基于以上分析，我们得出本书有待检验的第四个命题。

命题 4：进口中间品、融资环境在汇率变动影响企业出口行为中发挥着重要作用。

3.5 本章小结

本章在新古典经济学的局部均衡分析的基础上，进一步结合新新贸易理论的分析方法，对汇率变动影响出口贸易的问题进行了数理分析。对理论模型的构建及分析，有助于进一步理解和把握汇率变动对出口贸易的影响。本章得出如下几个有待检验的研究命题：

（1）货币贬值导致出口额增加，而出口额增加的幅度与企业特征有关，因此，不同企业面临汇率变化时可能具有异质性的反应。

（2）不确定条件下的企业出口收益要小于确定性环境下的企业出口收益，且当汇率波动的概率增加时，企业的出口收益会降低。

（3）汇率波动对出口贸易的影响由于受企业进口投入等因素的限制，或将呈现非线性的关系。

（4）在开放经济背景下，进口中间品、融资环境在汇率变动影响企业出口行为中发挥着重要作用。

第4章

人民币汇率与企业出口事实分析

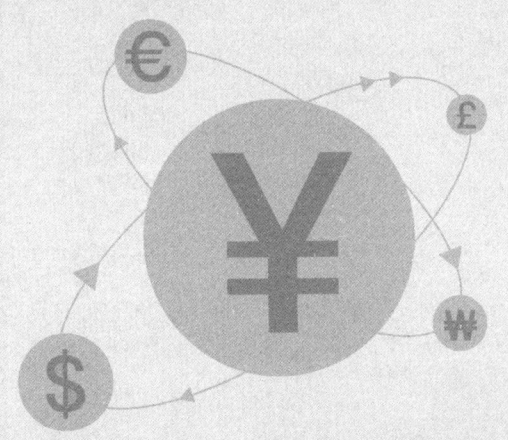

近年来，中国的经济总量始终呈现快速增长态势，2013 年已位居世界第二。中国的出口贸易总额更是保持了逐年增加的势头，尤其是 2001 年中国加入 WTO 后，向世界各国的出口量都在不断增长，这导致中国相对于其贸易伙伴国而言处于贸易盈余的状态。人民币的汇率变动与出口贸易联系紧密，作为世界经济大国和出口大国，人民币汇率的变动必然引起中国国内经济和出口环境的变化，因此，人民币汇率成为中国出口企业和世界主要经济大国高度关注的焦点问题。2005 年 7 月 21 日，中国政府宣布人民币实行管理浮动，迈出汇率改革的一大步，也意味着人民币汇率变动将成为常态。在实证分析之前，本章将对人民币汇率的发展历程、中国的总体出口贸易及企业出口现状进行分析，较为直观地介绍诸多特征性事实。

4.1 人民币汇率发展历程

人民币汇率自 1994 年开始经历着巨变。1994 年以前，人民币汇率实行"双轨制"，企业出口收汇按较低的官方汇率上缴国家一部分，余下部分可按照调剂市场汇率售出或自行根据市场供求信号进口盈利商品。中国经济起飞后，出口导向型产业得到了发展，稳定的汇率水平有利于保证进出口价格的稳定性。随着外汇市场供求规模的日益增大，中央政府决定实行官方汇率和外汇调剂价格并轨。

2005 年以来，中国的对外贸易顺差迅速扩大。2005 年 6 月，中国已有 7110 亿美元的外汇储备，中国面临的贸易摩擦不断加剧。基于扩大内需以及提升企业国际竞争力、缓解对外贸易不平衡、减少贸易摩擦等需要，人民币汇率形成机制再次迈出改革的步伐。2005 年 7 月，中国人民银行宣布人民币不再盯住单一美元，改为实行"以市场供求为基础、参考'一篮子'货币进行调节、有管理的浮动汇率制度"：首先，按照我国对外经济发展的实际情况，选择若干种主要货币组成货币篮子，并对各主要货币赋予相应的权重。其次，根据国内外经济金融形势，以市场供求为基础，参考"一篮子"货币计算人民币多边汇率指数的变化，并对人民币汇率进行管理和调节，以维护人民币汇率基本稳定在合理均衡水平上。值得注意的是，人民币汇率参考"一篮子"货币的变化而调节并不等于盯住"一篮子"货币，市场供求关系还是人民币汇率形成过程中的一大重要依据，据此才得以形成有管理的浮动汇率。汇率改革使得人民币汇率的形成机制更富弹性，推进了人民币升值。1994年以来，人民币名义汇率和实际有效汇率变动的情况如图4.1所示。总体来说，近年来人民币实际有效汇率有稳步升值的趋势。

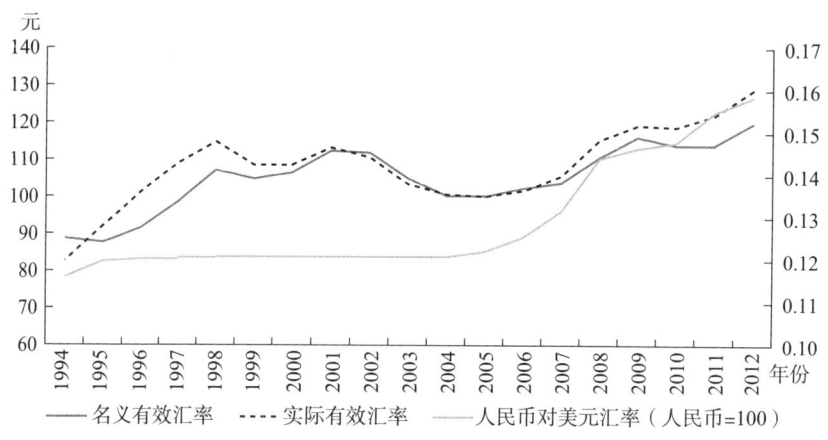

图 4.1　1994—2012 年人民币汇率走势

资料来源：根据中国统计局网站提供的数据整理。

对人民币汇率波动幅度的管理主要是结合中国贸易顺差的程度和结构调整的需要而确定的，同时对国内企业进行结构调整的适应能力也会进行考虑。商务部在 2014 年春季的《中国对外贸易形势报告》中明确指出："2014 年 3 月 14 日，中国人民银行宣布，扩大外汇市场人民币兑美元汇率浮动幅度，自 2014 年 3 月 17 日起，银行间即期外汇市场人民币兑美元交易价浮动幅度由1%扩大至2%。"自2005年7月人民币汇率形成机制改革以来，这是中国人民银行第三次扩大人民币兑美元汇率浮动幅度。第一次调整是在2007年5月21日，由0.3%扩大至0.5%；第二次浮动幅度的调整是在2012年4月16日，由0.5%调至1%。汇率作为影响一国企业参与国际分工合作的重要变量，也是宏观经济调控的重要杠杆。人民币历经汇率制度由固定汇率到浮动汇率、汇率变动方向由单向到双向、汇率浮动幅度由小到大的变化历程，表明人民币汇率市场形成机制在日益完善。此次人民币汇率波动幅度调整，更是扩展外汇市场的广度和深度、进一步发挥市场对汇率形成机制作用的良好体现。合理、均衡的市场汇率将促进企业和居民正视汇率的价格信号作用，从而使得国内外资源的配置效率得以提高。

4.2 中国出口贸易发展现状

世界贸易组织统计数据显示，2013年，中国进出口总额以高出2500亿美元而超越美国，成为货物贸易第一大国；而在2010年，中国货物进出口总额少于美国进出口总额2700多亿美元。由此可见，中国通过对外贸易参与国际分工和竞争，与贸易伙伴在经济上相互融合，在全球经济增长中做出了卓越贡献（林冰，2017）。任希丽（2018）提到，基础创新技术在世界经济的发展与国际分工的形成中起到了非常重要的作用，可以借助贸易与投资等途径在国家间传递，使各国在国际分工中的地位发生变化。对中国出口贸易进行深入研究，不仅有助于理解中国外向型经济的发展模式，还可以从经验研究角度丰富贸易理论的特征性事实的前沿成果。

4.2.1 中国出口贸易总体情况

近年来，中国出口贸易的发展非常迅速，为中国经济的快速增长注入了活力，尤其是入世后，在中国经济影响全球经济的同时，出口贸易对中国经济发展的影响也日益加深。从图4.2中可以看出，除受经济危机影响的2009年外，中国的出口贸易额一直保持增长势头，以出口贸易额与国内生产总值占比所表示的出口依存度在2006年前更是逐年增加。可见，随着经济全球化进程不断推进，出口贸易对中国经济增长的作用不断增强。受中国经济转型、内外需结构调整及国际金融危机的影响，从2007年开始，出口贸易依存度逐步回落，在金融危机发生后的2009年跌至最低点。尽管如此，2000—2013年中国的出口贸易对外依存度年均水平仍能达到27.3%。有学者认为，一国出口贸易依存度与其经济规模、国民收入构成、经济发展战略及汇率水平等因素有关，其中出口依存度与汇率水平之间的关系最为密切。汇率对出口依存度的影响体现在直接影响和间接影响两个方面：直接影响是指汇率影响到相对价格比，从而使得出口依存度的分子和分母都发生变化；间接影响是指汇率作为一国的外贸政策工具，会使出口依存度发生变化。中国作为世界经济大国和出口大国，其人民币汇率变动必然会通过影响出口贸易进而引起国内及其主要出口国的经济环境的变化。

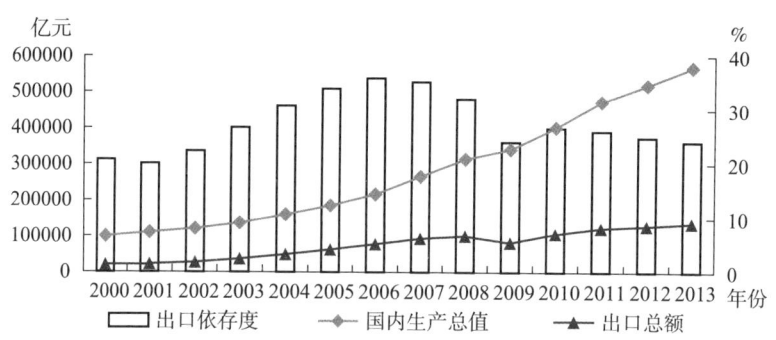

图4.2　2000—2013年中国出口贸易总体情况

资料来源：根据中国统计局网站提供的数据整理。

4.2.2　中国出口贸易商品结构

按照附加值的高低，可以将一国出口商品分为初级产品和工业制成品。初级产品附加值低，在国际市场上的竞争力较弱，且出口创汇能力较差；而工业制成品的附加值较高，具有较强的创汇能力。任希丽

(2018)认为,商品的贸易结构是由基础创新技术决定的,技术革命带来经济结构的调整,经济结构的调整反过来又为基础创新技术在行业间的渗透疏通渠道。中国的出口贸易额在不断增加,出口商品结构也在不断优化。图4.3给出了2000—2013年中国出口商品中初级产品和工业制成品所占的比重,从中可以看出,出口商品中工业制成品的比重明显大于初级产品。这与改革开放前依赖初级产品出口的局面大不相同。

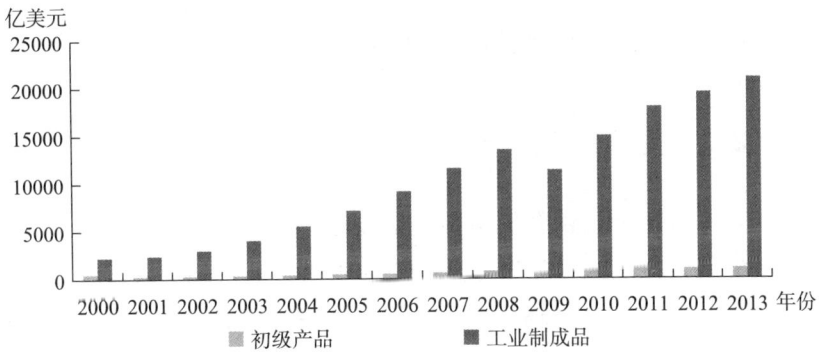

图4.3 2000—2013年中国出口商品结构

资料来源:根据中国历年《商务部对外贸易报告》整理。

按照国际贸易标准,工业制成品可分为化工产品、机械及运输设备、轻纺、橡胶和矿冶产品及相关制成品、杂项制品和其他未分类产品等。其中,前两类属于资本及技术密集型产品,其余几类则是劳动及资源密集型产品。工业制成品出口商品结构的变化主要体现为资本及技术密集型商品和劳动及资源密集型商品所占出口比例的变化,如图4.4所示。近年来,中国资本及技术密集型商品出口增速强劲,劳动及资源密集型商品占比呈现下降趋势。2003年,中国资本及技术密集型商品的出口超过劳动及资源密集型商品,完成了由劳动及资源密集型的低附加值出口商品结构向资本及技术密集型的高附加值的出口商品结构的转变。不过,与发达国家相比,中国出口商品中劳动密集型的低附加值商品所占比重仍较高,科技含量及附加值高的商品出口贸易仍有待发展。

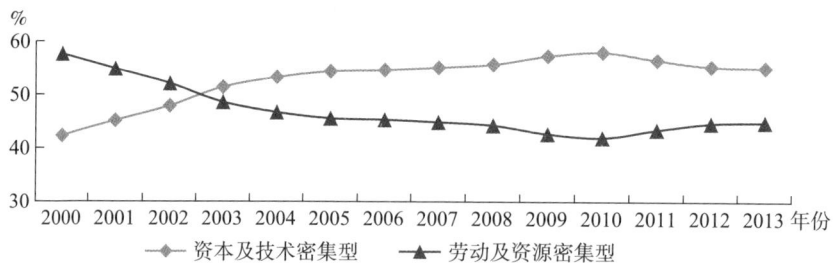

图 4.4 2000—2013 年中国工业制成品出口结构

资料来源：根据中国历年《商务部对外贸易报告》整理。

4.2.3 主要出口伙伴国（地区）分布情况

中国自1978年改革开放伊始，就确立了对外开放的基本国策，借助"走出去"和"引进来"大力发展外向型经济，尤其是加入WTO以后，在世界经济一体化的大背景以及市场多元化战略的推动下，中国积极参与经济全球化，加强同世界各国的经贸合作，与世界主要国家（地区）建立起广泛的贸易联系。图4.5给出了2013年中国主要出口伙伴

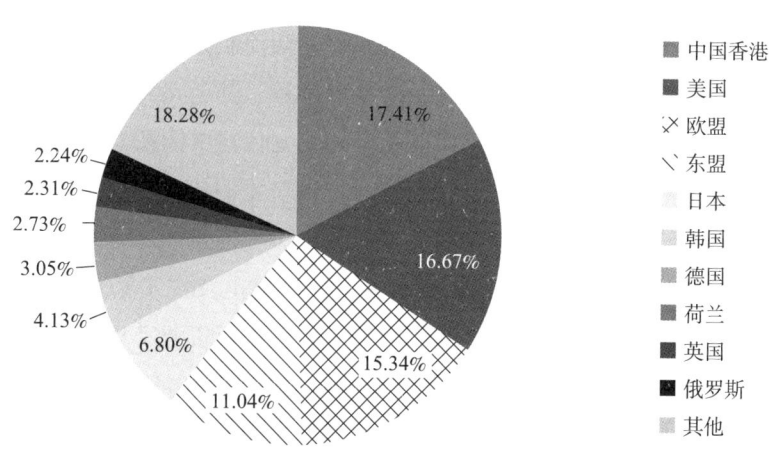

图 4.5 2013 年中国主要出口伙伴国（地区）

资料来源：根据中国统计局网站提供的数据整理。

国（地区）的分布情况①，可见中国对中国香港、美国、欧盟、东盟、日本等国家（地区）的出口占据总出口量的大半江山，其中，对香港的出口有一部分为转口贸易。

图 4.6 给出了 1994—2012 年人民币兑美元、欧元及日元的汇率水平（直接标价法），从中可以看出，人民币兑美元保持相对稳定（尤其是 1994—2005 年），但是人民币兑欧元及日元的汇率水平却呈现不断变化的趋势。

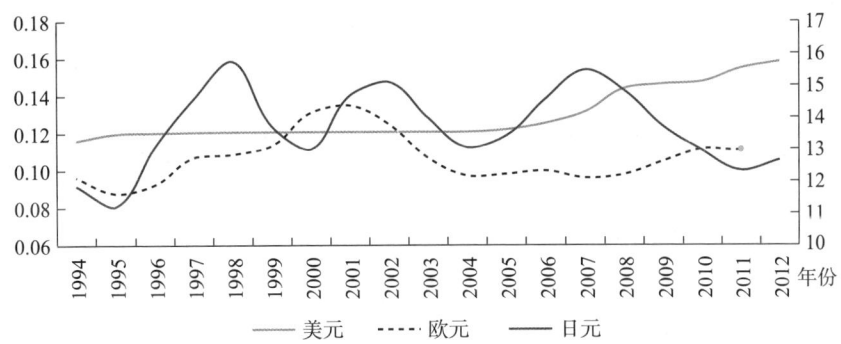

图 4.6　1994—2012 年人民币对美元、欧元及日元的汇率水平

资料来源：根据中国统计局网站提供的数据整理。

2005 年汇率改革制度以后，人民币兑美元、日元和欧元三种货币的汇率水平的变化差异更加明显。人民币兑美元持续升值，人民币兑欧元和日元则分别表现为先贬后升和升贬交替的变化特点。这说明，企业将商品出口到不同国家时，将面临不同的汇率冲击，因而在研究汇率变动时有必要考虑贸易伙伴国这一因素。

4.2.4　参与不同类型贸易企业的出口现状

从企业参与出口贸易的类型来看，伴随中国外向型经济的发展，加工贸易的作用非常重要，加工贸易所占出口份额在 2009 年之前均大于一

---

① 在此只列出 2013 年中国的主要出口贸易伙伴国（地区），详细数据将在附表 1 中提供。

般贸易，如图4.7所示。随着出口商品技术含量及附加值的提升，2010年后一般贸易的出口份额逐渐上升，相对地位有所增强。一般而言，加工贸易在一个国家对外开放发展的初期占主要地位，随着对外开放程度的不断加深，一般贸易会逐渐占据主要地位。近几年来，一般贸易出口增速的增长与中国政府调整贸易类型而实施的相关引导政策有着密切关系。

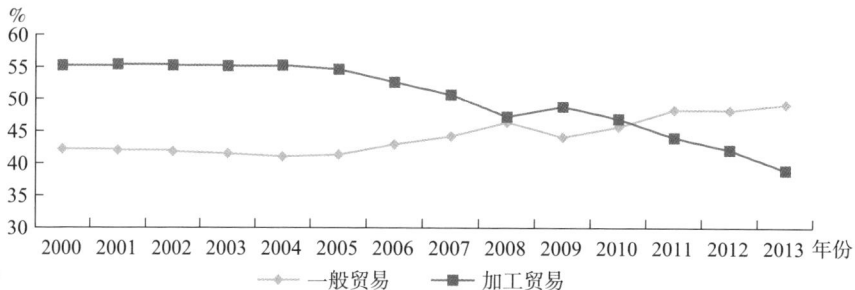

图4.7 2000—2013年一般贸易与加工贸易在出口份额中所占比重

资料来源：根据中国历年《商务部对外贸易报告》整理。

4.2.5 不同性质企业的出口现状

据中华人民共和国商务部统计，按企业性质划分，中国的出口企业可分为国有企业、外商投资企业（包括中外合资、中外合作及外商独资企业）及其他企业（主要是集体企业和私营企业）三大类。图4.8给出了2000年以来这三类企业的出口情况，从中可以看出，2000年以来，外商投资企业的出口占比均保持在45%以上，国有企业出口占比呈现下降趋势，集体及私营企业出口份额迅速增长。上述数据反映出中国不同类型企业的出口特征具有显著差异。外商投资企业以在中国投资建厂的形式生产商品，再将国内生产的商品销往国外，因而出口比例很大且出口份额较为稳定。从图4.8可以看出，集体及私营企业近年来发展态势强劲，不仅表现在出口额的增加上，还表现在出口占比的快速增长上，而与此形成鲜明对比的是，国有企业的出口额保持在一个稳定的水平上，其出口占比呈现明显的下滑态势。

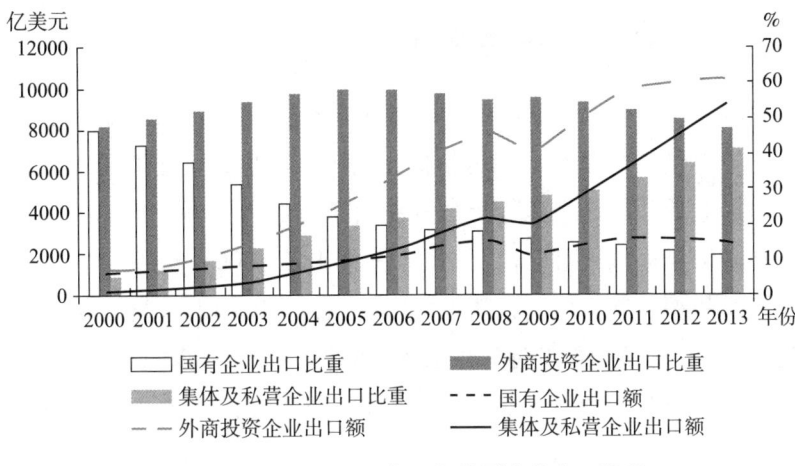

图 4.8 2000—2013 年不同类型企业出口情况

资料来源：根据中国海关进出口数据库整理。

4.3 中国出口企业的现状

中国加入 WTO 后，出口关税水平显著降低，中国企业借此获得更大的、能够快速成长的国际市场；同时，外资和外国商品也给中国企业带来更为强烈的冲击。任希丽（2018）指出，随着信息技术成为推动当前世界经济长波运行的基础创新技术，中国企业需要重视信息技术的作用，加大信息技术投资。中国企业通过增加投资、技术创新和产品创新等方式增强其自身的能力，从而应对来自国际市场上的竞争，这最终形成了中国企业出口规模增加的局面。中国经济和中国企业是全球贸易自由化红利的最大受益者之一，出口型企业一直都是从事中国出口贸易的微观载体，中国的商品通过出口企业到达世界的各个国家或地区，汇率变动在改变着出口企业的经济生存环境。本书后续部分将基于企业层面的数据分析汇率变动对企业出口的影响，因而，在实证分析之前，有必要对中国出口企业的现状进行分析。

4.3.1 出口企业的基本情况

中国海关进出口数据库中详细记录着企业出口报关数据，每一条出口记录提供最为原始、准确的企业代码、名称、企业类型、贸易方式、出口数量、出口金额等出口贸易信息，这为本书分析中国出口企业的基本情况提供了可能性①。图 4.9 给出了 2000—2009 年中国出口企业规模的一些基本情况，从中可以看出，中国的出口企业数从 2000 年的 62771 家历经 10 年时间增长至 2009 年的 216220 家，如此高速的增长足以说明 2000 年以来中国对外开放程度的日益加深、中国劳动力成本优势及国际市场需求的带动等多方面因素对中国出口企业规模的影响。

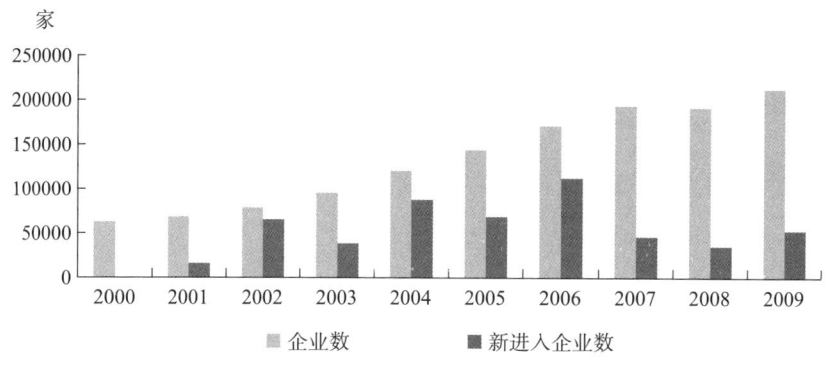

图 4.9　2000—2009 年中国出口企业数

资料来源：根据中国海关进出口数据库整理。

表 4.1 是按企业类型和运输方式两种标准划分所对应的从事出口贸易的企业数。从企业类型的角度来看，2000—2009 年从事出口贸易的国有企业的比重在逐渐下降，从 2000 年的 15.5% 下降到 2009 年的 3.1%；与此形成鲜明对比的是，参与出口贸易的私营企业的比重在上

---

① 本书基于中国工业企业数据库和海关进出口数据库的匹配数据进行实证分析，由于目前中国工业企业数据库仅有 2000—2009 年的数据，为统一起见，出口企业的现状分析部分仅提供 2000—2009 年的信息。

升,尤其是从 2002 年开始,私营出口贸易占比呈显著增加的趋势;参与出口贸易的中外合资合作企业以及外商独资企业占比在 2002 年之前呈上升趋势,2002 年以后私营企业的迅速进入使得这两类企业占出口企业数的比重有所下降,但总体来说,这两类企业仍然是中国出口的主力军。对比表 4.1 和图 4.8 可知,国有企业及私营企业的数量占比与其出口额占比并不匹配。以 2006 年为例,尽管国有出口企业仅占出口企业总数的 6.1%,但国有企业的出口额却占出口总额的 19.7%;与此形成鲜明对比的是,私营出口企业已有 79834 家,占出口企业总数的 46.6%,但私营出口企业的出口额仅占出口总额的 17.6%。笔者认为,虽然有大批的私营企业涌入国际市场,但由于其规模较小、政策保护倾斜度较低等原因,私营企业的出口规模不及国有以外资企业。

从运输方式的角度来看,历年来通过江海运输形式出口的企业数目均为最多,并且呈逐渐增加的趋势。2000 年,有 49624 家企业以江海运输的形式出口,占出口企业总数的 79.1%;2009 年,有 178726 家企业以江海运输的形式出口,占出口企业总数的比重高达 92.3%。通过汽车运输形式出口的企业数目占比在 2000—2009 年呈现先减后增的趋势,笔者认为是汽油价格的上升导致部分原本由汽车运输的商品改由江海运输。值得注意的是,2000—2009 年,有越来越多的企业选择以航空运输形式进行出口贸易,这是因为:一方面,航空运输时间相对较短,可以降低运输过程中的风险;另一方面,航空运输适用于对运输技术要求高、附加值高的商品,这在一定程度上反映出中国出口商品结构的日益优化。以运输方式划分的出口企业出口额的变化趋势与出口企业数的变化趋势相似。2000—2009 年,通过江海运输的商品出口额占年度出口总额的 62.7%,通过汽车运输的商品出口额占年度出口总额的 21.7%,通过航空运输的商品出口额占年度出口总额的 13.8%。与此同时,同时采用三种运输方式进行出口贸易的企业数在逐年增加,这部分企业占比由 2000 年的 7.4%增加至 2009 年的 10.7%。这既说明企业出口贸易伙伴国在向多样化发展,也在一定程度上体现出企业由于自身的成长、发展，可以在出口商品时整合多种运输方式来实现资源的优化配置。

表 4.1 按企业类型和运输方式划分的出口企业数及占比[①]

年份	按企业类型划分					按运输方式划分		
	国有	集体	中外合资合作	外商独资	私营	江海	汽车	航空
2000	9734（15.5%）	3063（4.9%）	17039（27.1%）	16023（25.5%）	1411（2.2%）	49624（79.1%）	21995（35.0%）	4665（7.4%）
2001	11473（16.8%）	4366（6.4%）	19783（28.9%）	20084（29.3%）	3670（5.4%）	56772（82.8%）	21953（32.1%）	27081（39.5%）
2002	13091（16.7%）	5642（7.2%）	22944（29.2%）	26051（33.1%）	10404（13.2%）	66808（85.0%）	23778（30.2%）	32270（41.0%）
2003	12887（13.5%）	6003（6.3%）	23796（24.9%）	31356（32.8%）	20754（21.7%）	82018（85.7%）	27052（28.3%）	40563（42.4%）
2004	12144（10.1%）	6031（5.0%）	24581（20.4%）	36890（30.6%）	40308（33.4%）	105304（87.3%）	31391（26.0%）	52931（43.9%）
2005	11233（6.6%）	5715（3.3%）	24926（14.6%）	42485（24.8%）	58953（34.4%）	127299（74.4%）	36171（21.1%）	61669（36.0%）
2006	10470（6.1%）	5311（3.1%）	25366（14.8%）	47490（27.7%）	79834（46.6%）	152709（89.2%）	42716（25.0%）	80000（46.7%）
2007	8790（4.5%）	4543（2.3%）	12108（11.4%）	42679（22.0%）	60482（31.2%）	169182（87.4%）	111678（57.7%）	11223（58.0%）
2008	7388（3.9%）	3729（1.9%）	18315（9.5%）	36765（19.2%）	47836（26.0%）	158870（82.1%）	74472（38.5%）	91191（47.1%）
2009	6659（3.1%）	3409（1.6%）	16185（8.0%）	35444（16.7%）	46410（21.8%）	178726（92.3%）	75948（39.2%）	107780（55.7%）

资料来源：根据中国海关进出口数据库整理。

---

① 按企业类型划分，企业数占比总和小于100%的原因在于，除表中所列五种类型外，还有个体工商户及其他类型的企业，同时样本中还存在没有报告企业类型的企业；按运输方式划分，企业数占比总和大于100%的原因在于，某些企业会同时选择两种或两种以上的运输方式。

4.3.2 出口企业的稳定性

一家企业从事出口贸易的持续时间可以在一定程度上体现这家企业乃至全国出口贸易发展的持续性和平稳性。经典的贸易理论大多认为，国与国之间的贸易关系一旦建立，就会长期持续下去[①]（陈国勇等，2012）。出口贸易的持续时间是衡量出口贸易增长的重要方面。研究企业出口贸易持续时间，有助于解答如何保证出口贸易持续平稳发展的问题，因此本部分将给出企业持续出口时间[②]的相关描述，以便了解中国出口企业的生存动态。2000—2009 年我国企业持续出口情况如图 4.10 所示。

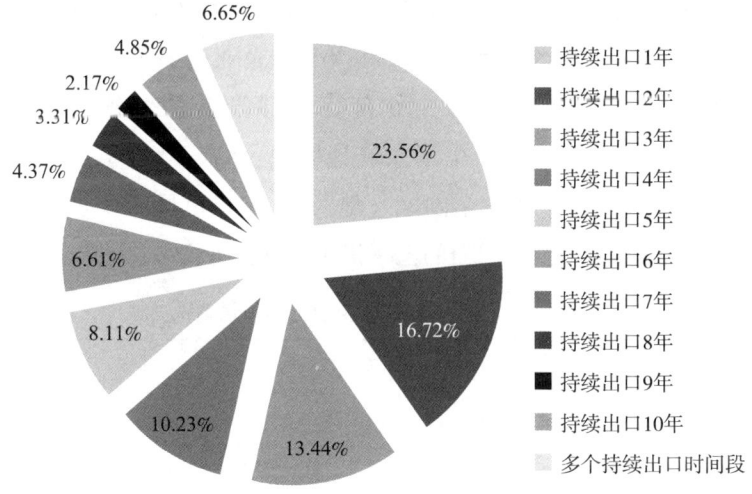

图 4.10　2000—2009 年企业持续出口情况

资料来源：根据中国海关进出口数据库整理。

据统计，持续出口 1~2 年的企业约占 40.28%；持续出口 3~5 年的企业约占 37.78%；持续出口 6~10 年的企业约占 21.31%，其中仅有约 4.85% 的企业能够持续 10 年从事出口贸易；有 6.65% 的出口企业在退

[①] 例如，国家间要素禀赋的相对稳定性、沉没成本的存在以及搜寻成本模型等。
[②] 此处为唯一持续出口的时间段，与之相对应，若某家出口企业退出市场后隔若干年再次进入，则将其归为多个持续出口时间段的企业。

出出口市场若干年后选择重新进入出口市场。以上数据在一定程度上反映出企业出口处于动态调整和变化的状态，不同状态下各种因素对出口企业存活的影响应不尽相同，本书将在后续部分进行分析。

4.3.3 出口市场及产品多元化

出口市场数及出口商品种类数被称为出口的扩展边际（Extensive Margin）。已有研究大多关注一个经济体整体的出口扩展边际，新新贸易理论引入企业异质性假设后，开始有学者关注企业的出口扩展边际。表4.2和表4.3给出了2000—2009年中国企业出口市场数和出口商品种类数的基本统计。从出口市场的维度来看，平均而言，约有31%的企业只向1个国家（地区）出口，约有26%的企业向多于8个国家（地区）出口。出口市场的多元化分布特征日益明显：2000年，约有21.1%的企业出口到多于8个国家（地区）；而在2009年，已有多达27.8%的企业出口到多于8个国家（地区）。出口市场的多元化特征为本书实证分析时采用企业层面的汇率提供了理论证据。

表4.2 2000—2009年企业出口市场情况　　　　　　　　　　单位：家

出口市场数	企业数									
	2000	2001	2002	2003	2004	2005	2006	2007	2008	2009
1	23136	24176	25785	30586	37281	41814	47122	52692	56500	59706
2	10124	10660	12018	14251	17639	20617	23880	25965	26230	28674
3	5246	5922	6857	8331	10427	12713	14835	16587	16436	18480
4	3474	3777	4717	5750	7374	9150	10798	12042	12008	13632
5	2561	2985	3602	4430	5694	7078	8677	9392	9249	10627
6	1976	2232	2695	3500	4643	5609	6920	7685	7373	8700
7	1638	1860	2262	2858	3764	4720	5770	6377	6136	7456
8	1387	1567	1962	2544	3247	3900	4744	5511	5163	6286
>8	13229	15308	18714	23438	30521	38429	48459	57316	52550	59099

资料来源：根据中国海关讲出口数据库整理。

从出口商品种类数的维度来看，多元化的趋势更加明显：2000年，约有23.3%的企业出口商品种类数大于8种，到2009年，这一比例达到26.6%，且出口商品种类数大于8种的企业所占比重总体呈现上升趋势。相对而言，仅出口1种商品的企业数在2000—2009年约占25%，且所占比例呈现逐年下降的趋势。

表4.3　2000—2009年企业出口商品种类情况　　　　　单位：家

出口商品种类数	企业数									
	2000	2001	2002	2003	2004	2005	2006	2007	2008	2009
1	17048	18225	20274	24677	30388	34493	38807	43679	51488	50327
2	10230	11239	12382	14886	18229	21685	24745	28331	30409	32040
3	6579	7276	8302	10014	12213	14444	16869	19203	20529	21787
4	4651	5078	5916	7031	8956	10753	12441	14045	14405	16140
5	3446	3826	4396	5271	6835	7983	9586	11206	10526	12109
6	2638	2804	3313	4101	5221	6305	7460	8421	8277	9677
7	1940	2217	2634	3139	4171	5087	5888	6846	6400	7694
8	1599	1795	2037	2693	3246	4102	4884	5699	5101	6321
>8	14640	16027	19358	23876	31331	39178	87745	56137	44510	56565

资料来源：作者根据中国海关进出口数据库整理而得。

Bernard等（2007）、Bernard等（2009）在研究中指出，美国在2000年有64%的企业只向1个国家出口，有42%的企业仅出口1种商品。可见，中国企业出口具有与美国显著不同的特征，中国企业出口正逐渐向多元化的方向发展，相较而言，中国的出口集中度要明显低于美国。

4.3.4　异质性企业的汇率变动

前文已对中国出口的总体情况及企业层面的基本情况做了简要分

析，本部分将分析出口企业所面临的汇率变动①情况，以期为后续的实证研究提供进一步的现实依据。首先，将给出实证分析所用 2000—2009 年中国出口企业层面数据的实际有效汇率及汇率波动的均值；其次，将依次从贸易伙伴国类型、企业所有制类型、贸易类型、出口国家类型等角度分析异质性企业所面临的汇率变动情况。

图 4.11 给出了按出口伙伴国类型划分的企业层面实际有效汇率水平变化和汇率波动的均值。2000—2009 年，三种类型企业的汇率变化趋势大致相同，2000—2002 呈现升值状态，2004 年以后呈现贬值趋势，随后又开始升值。其中，仅向发达国家出口的企业所面临的汇率变化水平最低，仅向发展中国家出口的企业所面临的汇率变化水平最高，同时向两种类型国家出口的企业所面临的汇率变化水平居中。相较而言，三种类型企业的汇率波动趋势呈现较大差异，仅向发展中国家出口的企业面临的汇率波动较大，仅向发达国家出口的企业以及同时向两种类型国家出口的企业的汇率波动幅度则相对平缓。

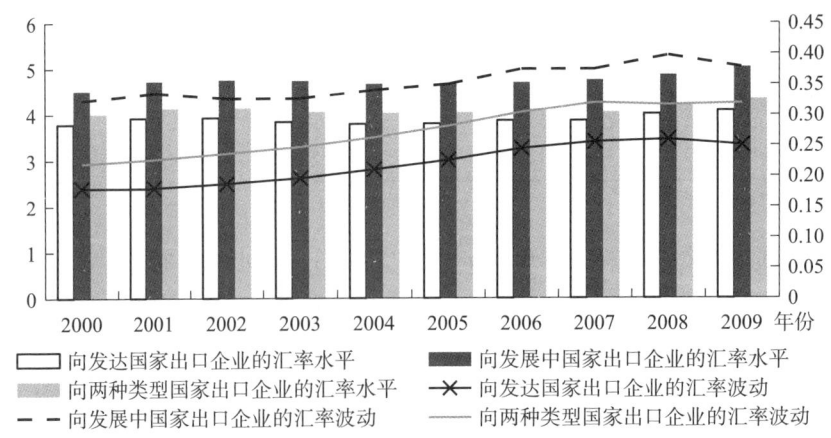

图 4.11　按出口伙伴国类型划分的企业的汇率变动情况

资料来源：根据中国海关进出口数据库整理。

---

① 本部分汇率变动指标（包括汇率水平变化和汇率波动两个方面）与实证分析部分相同，汇率值增加代表升值。本书将在实证分析部分详细介绍汇率变动的测算方法，在此不做详细阐述。

表 4.4　2000—2009 年企业层面实际有效汇率水平

年份	总体	国有企业	集体企业	私营企业	外商独资企业	中外合资企业	中外合作企业
2000	3.94	4.02	4.04	4.05	3.85	3.84	3.88
2001	4.05	4.18	4.19	4.21	3.98	4.00	3.99
2002	4.06	4.18	4.19	4.22	4.00	4.01	4.00
2003	3.98	4.09	4.11	4.12	3.93	3.92	3.94
2004	3.95	4.05	4.06	4.05	3.91	3.88	3.90
2005	3.94	4.04	4.04	4.04	3.92	3.89	3.92
2006	4.03	4.11	4.11	4.11	3.99	3.98	4.00
2007	4.05	4.10	4.05	4.05	4.02	3.96	4.02
2008	4.19	4.27	4.22	4.21	4.18	4.12	4.17
2009	4.27	4.42	4.35	4.33	4.27	4.20	4.26

资料来源：根据中国海关进出口数据库整理。

表 4.4 和图 4.12 给出了 2000—2009 年总体及按企业类型划分的企业汇率水平变化和汇率波动的均值，可以看出，国有企业、集体企业和私营企业所面临的汇率水平都要高于总体均值，而外商独资企业、中外合资企业和中外合作企业的汇率变动小于总体水平。各所有制类型企业对应的实际有效汇率水平的变化趋势与总体样本保持一致。汇率波动方面，中外合资企业和外商独资企业的汇率波动水平较低，私营企业和国有企业面临的汇率波幅相对较高。各所有制类型企业对应的汇率波动情况呈现大致相同的趋势：自 2000 年开始逐渐下降，2005 年达到低点，随后又开始有所增加。

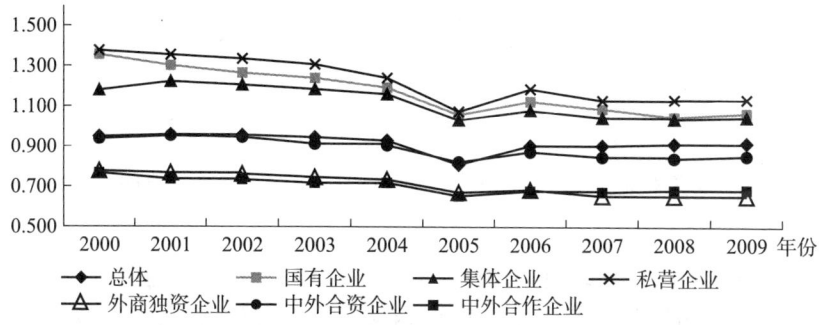

图 4.12　2000—2009 年各所有制类型企业面临的汇率波动情况

资料来源：根据中国海关进出口数据库整理。

按照参与的贸易类型划分,可将出口企业分为仅参与一般贸易、仅参与加工贸易及同时参与一般贸易和加工贸易三种类型。图 4.13 给出了上述三种类型出口企业在 2000—2009 年所面临的汇率变动情况。三种类型企业的汇率水平变化趋势大体一致,不同在于汇率水平值的大小。仅从事一般贸易的出口企业面临的实际有效汇率值较高,2007 年后仅从事加工贸易的出口企业面临的汇率水平开始赶超仅从事一般出口贸易的企业。

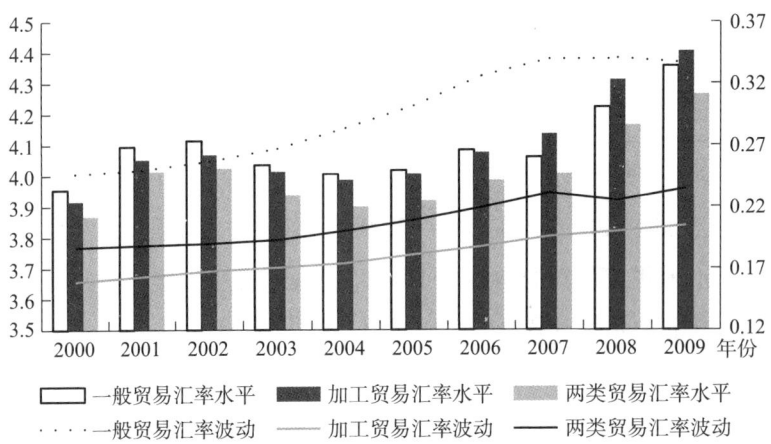

图 4.13　2000—2009 参与不同类型贸易企业所面临的汇率变动情况

资料来源:根据中国海关进出口数据库整理。

汇率波动方面,仅从事一般贸易的企业面临的汇率波动在 2005 年、2006 年有显著的先减小后增大的趋势,且该类企业所面临的汇率波动水平相对较高;参与两类贸易的出口企业在 2005 年、2006 年有显著的先增大后减小的趋势,且该类企业面临的汇率波动水平较低;仅从事加工贸易企业的汇率波幅相对平稳,该类企业面临的汇率波动水平居中。

图 4.14 给出了 2000—2009 年有中间品进口的出口企业和没有中间品进口的出口企业所面临的汇率变动情况,从中可以看出,有中间品进口的出口企业的实际有效汇率水平及汇率波幅的均值要显著小于没有中间品进口的出口企业。相关数据表明,没有中间品进口的出口企业的汇

率波动趋势要比有中间品进口的出口企业更明显。

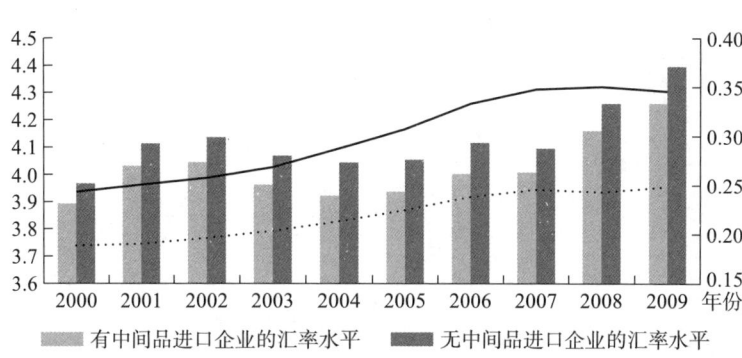

图 4.14　2000—2009 年有中间品进口及无中间品进口企业面临的汇率变动情况对比

资料来源：根据中国海关进出口数据库整理。

4.4　本章小结

本章在概述人民币汇率的发展历程及中国总体出口贸易发展现状的基础上，重点关注中国出口企业的现状及异质性企业的汇率变动情况，这为本书的研究主题提供了现实依据。总体来看，伴随人民币汇率制度改革的不断深入，人民币汇率变动成为常态，且汇率波动的幅度将有所增加；与此同时，中国出口贸易近年来持续增长，但是中国经济对全球经济的依赖性也在不断增强。企业是从事出口贸易的微观载体，人民币汇率变动将通过贸易渠道传导至中国的出口企业。笔者在本章分析了近年来中国出口企业的分布情况，并重点观察了不同企业面临的汇率变动水平的显著差异，认为上述差异或将造成企业在面临汇率变动时的反应有所不同，本书后续部分将就此展开深入而全面的实证分析。

第 5 章

汇率变动与企业出口：异质性检验

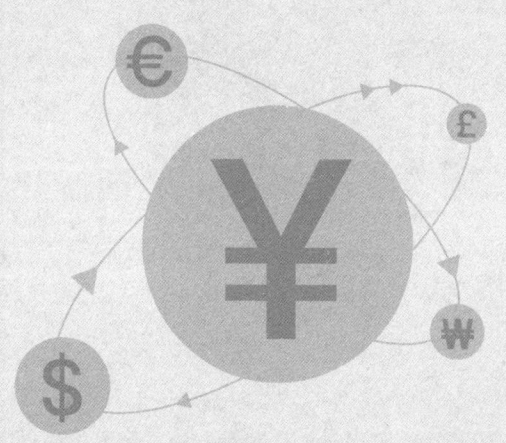

第 5 章 汇率变动与企业出口：异质性检验

随着新新贸易理论的诞生，异质性被逐渐引入各领域的研究中，考察汇率变动对企业出口的异质性影响将在一定程度上开启汇率研究的新篇章。由文献综述以及事实分析可见，有必要从出口企业的异质性层面分析市场参与者在面临汇率变动时的反应是否存在差异性，这也是本书研究的重点。新新贸易理论将生产率作为企业异质性的单一标准（林冰，2017），考虑到企业间的差异不仅仅体现在生产率方面，本章拟将企业异质性扩展至企业所有制类型、行业属性、持续出口时间等企业特征层面的异质性。本书第 3 章的命题 3 指出，汇率波动对企业出口的影响因企业之间的差异或将呈现非线性的关系，因此，本书将汇率变动作为第二个层面的异质性，从而对企业在面临汇率变动时的差异性反应进行全面的实证分析。

本章的结构安排如下：首先，从企业所有制类型、行业类型、贸易类型等角度检验不同企业特征下汇率变动对出口集约边际（出口额）和扩展边际（出口国家数和出口商品种类数）的差异性影响，并进行综合的对比分析；其次，通过建立非线性门限回归模型研究面临不同的汇率波动幅度时企业作出的差异反应，即进行汇率变动层面的异质性分析；最后，总结本章所得结论。

5.1 企业特征层面的异质性检验

前文的分析已表明企业的出口行为受到汇率变动的影响。随着经济全球化的不断发展，在国际贸易高速增长的同时，经济金融市场环境和国际资本流动格局愈加复杂，各国对经济的干预也愈加频繁，汇率的波动趋势变强。2005 年 7 月 21 日，中国政府宣布人民币实行管理浮动，迈出汇率改革的一大步；2014 年 3 月 5 日，中国政府公布的《政府工作报告》中提到"保持人民币汇率在合理均衡水平上的基本稳定，扩大汇率双向浮动区间，推进人民币资本项目可兑换"，这意味着人民币汇率变动将在汇率形成机制改革的深化和市场决定性作用下成为常态。当前，国际分工已深化到空前水平，汇率变动影响一国出口的机制和程度也在变化，本部分将从企业特征层面的异质性出发，回答汇率变动如何影响企业的出口行为。在人民币汇率改革的背景下研究汇率变动对出口贸易的影响具有理论价值和现实意义。

5.1.1 计量模型及总体回归结果分析

5.1.1.1 计量模型的构建

汇率变动是国家调控宏观经济的主要政策手段之一，由汇率变动引发的国际贸易商品价格的变动势必会影响出口贸易。对出口企业个体而言，贸易商品相对价格的变化直接影响企业的成本与收益，甚至生死存亡问题。已有关于汇率变动影响企业出口行为的研究包括诸多方面，但由于研究的侧重点不同，且对出口行为还没有统一的定义和标准，本书的研究主要集中在出口集约边际和出口扩展边际两个层面。首先，本书将出口集约边际定义为出口规模，也就是企业的出口额，这是已有出口贸易研究中广泛采用的指标。

笔者在前面的分析中已经指出，如果单纯地追求企业出口集约边际的增长，可能会导致过低的出口商品价格，从而不利于贸易条件的改善，因而也应关注出口在扩展边际上的增长。本书将考察汇率变动对企业出口扩展边际的影响。笔者借鉴杨汝岱和朱诗娥（2013）的观点，将企业出口扩展边际定义为企业出口国家数和企业出口商品数。本部分将结合第 3 章的理论模型，并纳入控制企业自身特征的变量来研究汇率变动（包括汇率变化和汇率波动）对企业出口贸易的影响，建立如下基准模型进行回归：

第5章 汇率变动与企业出口：异质性检验

$$lnexport_{it} = \beta_1 lnrxh_{it} + \beta_2 sdrxh_{it} + \beta_3 lnfgdp_{it} + \beta_4 lnfc_{it} +$$
$$\beta_5 lntfp_{it} + \beta_6 lnsize_{it} + (F_h + F_d + F_t) + \varepsilon_{ihdt} \quad (5.1)$$

$$expmarket_{it} = \beta_1 lnrxh_{it} + \beta_2 sdrxh_{it} + \beta_3 lnfgdp_{it} + \beta_4 lnfc_{it} +$$
$$\beta_5 lntfp_{it} + \beta_6 lnsize_{it} + (F_h + F_d + F_t) + \varepsilon_{ihdt} \quad (5.2.a)$$

$$expkind_{it} = \beta_1 lnrxh_{it} + \beta_2 sdrxh_{it} + \beta_3 lnfgdp_{it} + \beta_4 lnfc_{it} +$$
$$\beta_5 lntfp_{it} + \beta_6 lnsize_{it} + (F_h + F_d + F_t) + \varepsilon_{ihdt} \quad (5.2.b)$$

其中，i 表示企业；t 表示时间；$export$ 为企业的出口额，即企业的出口收益；$expmarket$ 和 $expkind$ 分别表示企业的出口市场数和出口商品种类数；rxh 表示企业层面人民币实际有效汇率值；$sdrxh$ 表示汇率波动情况；$fgdp$ 反映国外的需求状况；fc 用以衡量相对劳动力成本大小；tfp 表示企业全要素生产率；$size$ 表示企业规模；F_h、F_d、F_t 分别表示行业、地区和时间固定效应；ε_{ihdt} 表示误差项。

5.1.1.2 指标构建及数据说明

（1）汇率水平变化。

本书的核心任务是考察汇率变动对出口贸易的影响，因而关键变量汇率变动（包括汇率水平变化和汇率波动两个方面）的选取成为展开分析的前提和重要环节。在已有关于汇率影响的研究中，常选用的指标为有效汇率。国际清算银行（BIS）、国际货币基金组织（IMF）等国际组织均采用加总层面名义有效汇率或实际有效汇率，即将一个国家宏观层面上的贸易伙伴国的贸易份额作为权重对双边的汇率进行加权平均，这一指标在宏观层面的研究中起到至关重要的作用。本书已在第1章中对从企业层面研究汇率变动的必要性进行说明：首先，不同企业出口的贸易伙伴国家（地区）不同；其次，即使同一企业，也可能向以不同货币结算的国家（地区）出口。基于以上两点，笔者认为，不同企业出口过程中面临的汇率水平变化必然不同。然而，已有基于总体层面测算的有效汇率根本无法体现不同出口企业之间面临的汇率的差异性。忽略企业层面实际有效汇率的差异性，将大大降低本书研究的准确性，因此笔者将计算企业层面的实际有效汇率。

笔者借鉴戴觅和施炳展（2013）的方法，得出关键解释变量 rxh（企业层面实际有效汇率）的计算公式：$rxh_{it} = 100 \times \prod_{k=1}^{n} \left(\dfrac{e_{kt}}{e_{k0}} \times \dfrac{P_{CHt}}{P_{kt}} \right)^{w_{ikt}}$。其中，$e_{kt}$ 为人民币与 k 国货币在时间 t 间接标价法下的名义汇率，即 1 单位人民币折算 e_{kt} 单位的 k 国货币，该衡量方式下汇率值 e_{kt} 的增加表示人民币升值；e_{k0} 是基期汇率，本书选取 2000 年为基期；P_{CHt} 和 P_{kt} 分别为中国与国家 k 的居民消费价格指数（2000 年为 100）；w_{ikt} 为企业 i 与国家 k 的贸易份额。根据贸易权重计算企业层面有效汇率，可以更加准确地反映出企业在面临汇率变动时的差异性。计算企业层面实际有效汇率的数据来源于中国海关进出口数据库、联合国贸易和发展会议网站的 UNCTAD 数据库[①]，以及 Penn World Table 7.1。

（2）汇率波动。

以往通过总体数据计算得出的汇率波动可以较好地衡量一国的汇率风险水平，但是不能体现企业之间的差异性。企业层面实际有效汇率的测算使得笔者可以计算不同企业面临的汇率风险，进一步将企业有效汇率波动与其自身特征相联系。已有文献（Brodsky，1984；Rose 和 Engel，2002；Tenreyro，2007；Clark 等，2004）中衡量汇率波动的常用指标是汇率对数一阶差分的标准差。笔者对上述计算方法进行了改进，以更科学地衡量企业层面的有效汇率波动：

$$sdrxh_{it} = sdrxh_i / \overline{sdrxh_t}$$

其中，$sdrxh_i = \sqrt{\text{var}(\Delta \ln rxh_{it})}$，$\text{var}(\cdot)$ 是企业 i 的有效汇率的一阶差分在 2000—2009 年时间序列层面上的方差。$\overline{sdrxh_t} = \dfrac{1}{N} \sum_{i=1}^{N} sdrxh_i$ 为年度所有企业 $sdrxh_i$ 的均值。与已有文献相比，采用 $sdrxh_{it} = sdrxh_i \div \overline{sdrxh_t}$ 可以更好地体现企业在不同年份面临的汇率波动差异。

（3）国外需求。

本书基准计量模型中所用国外需求状况变量 $fgdp_{it}$，可用贸易权重

---

① 该数据库网址为 http：//unctad.org/en/Pages/Statistics.aspx。

加权求和得出，计算公式为 $fgdp_{it} = \sum_{k=1}^{n} w_{ikt} \times gdp_{kt}$。其中，$gdp_{kt}$ 是采用经过购买力平价（PPP）平减后的国家 k 的国民生产总值，计算该指标所用数据来源于 IMF 网站的 World Economic Outlook 数据库。

（4）相对劳动力成本。

相对劳动成本变量 fc_{it} 同样可根据贸易权重加权求和得出：$fc_{it} = \sum_{k=1}^{n} w_{ikt} \times \dfrac{l_{CHt}}{l_{kt}}$。其中，$l_{CHt}$ 和 l_{kt} 分别为中国和国家 k 的劳动参与率，相关数据来源于世界银行。

（5）企业规模。

笔者还控制了企业规模和企业全要素生产率（TFP）等可能影响出口的企业特征变量。根据新新贸易理论，企业自身规模越大，越有利于克服贸易中的流动性约束及生产经营过程中可能面临的各种风险，因而规模越大的企业越有可能进入国际市场。然而，实证检验的结论中既有支持新贸易理论的研究（Reid，1982；Tookey，1964），也有反对企业规模越大出口越多的研究（Wagner，1995；Patibandla，1995）。本书将企业规模纳入企业出口的影响因素分析框架。对于企业规模的衡量指标，诸多学者选取的标准不尽相同，主要有销售收入、总资产及雇员人数三种。本书选用企业职工人数来衡量企业规模变量 *size*，相关数据来源于中国工业企业数据库。

（6）企业生产率。

生产率是决定企业出口的重要因素（慕绣如，孙灵燕，2017）。根据新新贸易理论，企业的生产效率是决定企业出口决策（包括是否出口、出口规模等）的重要因素，沉没成本的存在使得生产效率较低的企业无法跨出国门，只有生产率较高的企业才能克服沉没成本，参与到国际市场中。与此同时，企业在出口过程中可以不断学习国外先进技术及管理经验，借助技术溢出效应进一步提高自身生产率，从而扩大出口规模。在市场经济体制下，国家竞争力的根本在于企业效率（刘廷华等，2018）。笔者将全要素生产率这一影响企业出口的关键变量纳入分析框架中。关于TFP的测算，已有的方法包括OLS回归、数据包络分析（DEA）、Olley和Pakes（1996）的方法（简称OP法），以及Levinsohn和Petrin（2003）的方法（简称LP法）等，其中OP法和LP法可以较好地解决同时性偏差和样本选择性偏差问题。本书采用LP法计算企业全要素生产率tfp_{it}。具体的回归方程为

$$v_t = \alpha_0 + \alpha_l l_t + \alpha_k k_t + \omega_t + \eta_t = \alpha_l l_t + \varphi_k(k_t, m_t) + \eta_t$$

其中，$\varphi_k(k_t, m_t) = \alpha_0 + \alpha_k k_t + \omega_t(k_t, m_t)$；$t$表示年份；$v_t$表示增加值；$l_t$表示劳动投入；$k_t$表示资本投入；$m_t$为中间投入。需要说明的是，在计算过程中，资本变量选用固定资产值，代理变量选用工业中间投入[①]合计，产出变量选用工业增加值，并分别用固定资产投资价格指数和燃料、动力类工业生产者购进价格指数、工业生产者出厂价格指数（以2000年为基期）折算资本、工业中间品投入和产出变量，劳动变量选用企业全部职工数，相应的数据来源于中国工业企业数据库和国家统计局网站。

本书所选样本区间为2000—2009年，研究主体为出口企业，研究过程中主要采用中国海关进出口数据库和中国工业企业数据库两大微观数据库：中国海关进出口数据库由中国海关总署提供，囊括中国对200多个国家和地区的进出口数据，包含企业进出口金额、8位HS编码商品信息、贸易运输方式、贸易的目的地及来源地、贸易方式、贸易商品价格等详细的贸易数据信息，为多角度分析企业出口贸易行为提供了可能性。中国工业企业数据库来源于中华人民共和国统计局规模以上工业企业调查数据，涵盖企业基本情况、行业代码、省地县代码、详细的财务状况、生产销售情况等方面的数据信息。该数据库中约有130个指标，为从微观层面分析企业行为提供了可能性。目前，国内学者在研究汇率变动对企业出口的影响时大多采用中国海关进出口数据库或者中国工业企业数据库中的某一个，但通过上文的描述可知，虽然两大数据库

---

① 由于中国工业企业数据库缺乏2008年、2009年的工业中间投入数据，本书以持续存在企业前一期财务费用与工业中间投入的比值来估算当期的工业中间投入；对新进入企业，则以2005—2007年财务费用与工业中间投入的比值的均值来计算其工业中间投入。

各自具有明显的优势,若仅选择其中之一来研究汇率变动对企业出口的影响又存在局限性:首先,若仅选用中国海关进出口数据库,尽管该数据库能提供详细的贸易信息,但企业自身特征方面的信息却很少;中国工业企业数据库关于企业贸易方面的指标仅有出口交货值一项,若仅选用该数据库,企业层面的汇率指标将无法测算。在较为全面、系统的框架下分析汇率变动如何影响企业出口行为,需要将上述两大微观企业数据库进行匹配,从而最大限度地发挥两大数据库的综合优势。中国海关进出口数据库为月度统计信息,中国工业企业数据库提供的则是年度信息,由于月度数据存在季节因子等不确定因素,因此,笔者将中国海关进出口数据加总为年度层面[①]后,再与中国工业企业数据库进行匹配。

具体地,本书参照田巍和余淼杰(2013)的做法,根据企业的名称及年份进行匹配,即如果同一年里一家企业在海关进出口数据库和工业企业数据库中有相同的名字,则这两家企业应该是同一家企业。笔者在观察数据信息时,发现企业在两大数据库中的名称会存在细微差别。为保证数据库匹配的成功率,笔者首先对企业名称进行简单处理[②],最终成功匹配的具体情况见表5.1。尽管最终匹配得出的样本数目要低于中国海关进出口数据库和中国工业企业数据库中所囊括的出口企业总数,但相比单一使用其中一个数据库而言,匹配后的样本数据信息更全面。笔者认为,近30万的样本容量可视作全体数据的抽样回归,能够代表全体样本的结果。

表5.2报告了变量[③]的统计性描述和相关系数,分析结果表明主要解释变量之间的相关系数均小于0.7,并不存在高度相关性,因而本书

---

① 由于贸易信息以月度为统计口径,因此在计算企业层面实际有效汇率等指标时,仍以最初的月度数据为出发点,最终计算得出相应的年度数据。
② 例如,某企业在中国工业企业数据库中的名称为"山东××公司",但在中国海关进出口数据库中的名称则为"山东省××公司",对照法人、电话等信息后发现两者实为一家企业,因而在删除企业名称中的"省"字后再进行匹配,这样可在一定程度上提高匹配的成功率。
③ 在此仅列出被解释变量为企业出口额时的相关系数矩阵,被解释变量为出口国家数和出口商品种类数的相关系数也均小于0.7,详见附表2和附表3。

选用这些指标作为解释变量不会产生多重共线性问题。

表 5.1 2000—2009 年两大数据库成功匹配企业情况

年份	出口企业总数（家）	成功匹配企业数（家）	成功匹配企业占比（%）
2000	62771	17827	28.40
2001	68487	21312	31.12
2002	78612	24715	31.44
2003	95688	29056	30.37
2004	120590	45783	37.97
2005	144030	34717	24.10
2006	171205	52394	30.60
2007	193567	57947	29.94
2008	191645	65524	34.19
2009	212660	61143	28.75

资料来源：根据中国海关进出口数据库和中国工业企业数据库整理。

表 5.2 变量描述性统计和相关系数

	(1)	(2)	(3)	(4)	(5)	(6)	(7)
样本量	410418	410418	380144	351675	350769	376456	409858
均值	13.814	4.073	0.91	6.055	3.117	6.029	5.252
标准差	2.134	0.481	1.026	2.966	2.287	1.255	1.162
(1) 出口额	1.000						
(2) 实际有效汇率	−0.074	1.000					
(3) 汇率波动	−0.174	−0.078	1.000				
(4) 国外需求	−0.056	−0.280	−0.037	1.000			
(5) 相对劳动力成本	−0.153	−0.256	−0.012	0.607	1.000		
(6) 全要素生产率	0.198	0.125	−0.013	−0.302	−0.320	1.000	
(7) 企业规模	0.388	−0.012	−0.055	0.120	0.107	0.246	1.000

5.1.1.3 汇率变动对企业出口的影响

本书采用 Stata13 软件对基准模型（5.1）和模型（5.2）进行回归，检验结果见表 5.3：第 1 列、第 2 列给出了 OLS 和固定效应下汇率变动影响企业出口额的回归结果；第 3 列、第 4 列给出了 OLS 和固定效应下汇率变动影响企业出口国家数的回归结果；第 5 列、第 6 列则给出了 OLS 和固定效应下汇率变动影响企业出口商品种类数的回归结果。

结果显示，汇率值的变化与企业出口额、企业出口商品种类数之间呈负相关关系，即随着汇率值的提高（升值），企业出口收益及出口商品种类数均会有所减少，汇率变化与企业出口国家数之间呈现显著的正相关关系，这与其对企业出口额的影响不同。汇率水平的变化（升值）促使企业寻求更多的贸易伙伴国，从而借助市场多元化来缓解单一的出口市场在面对汇率水平变化时的不良冲击。

汇率波动对企业出口额及出口国家数、出口商品种类数均呈现显著的负向影响，意味着不确定性的增加，这对于风险厌恶型的企业来说，无疑会降低其出口的动机，将产品销售转向相对平稳的国内市场。因此，尽管汇率水平变化会促使出口企业扩张出口市场，但是汇率波动的不确定性又会使企业在多元化策略上持谨慎态度，最终还需要看汇率水平变化及汇率波动的综合影响。

国外市场需求显著为正地影响企业出口，这和经典引力模型得出的结论一致。国外庞大的市场为中国的出口企业注入了生命力，因此，贸易伙伴国经济规模越大，企业与该国之间的出口贸易关系就会越持久；相反，当国外消费市场需求较为疲软时，中国企业的出口会减少。

中国相对外国的劳动力成本 fc 的系数显著为负，说明相对劳动力成本高将会减少企业出口。笔者从比较优势的角度对此结果加以解释，即认为劳动力成本高表示商品在国际市场上的成本优势较低。在此情形下，企业自然会作出谨慎出口的决策。通过对比表 5.3 给出的实证结果可知，相对劳动力估计系数的绝对值较其他解释变量要更大一些，足可见以劳动力成本为代表的比较优势在出口贸易中的重要性。

表5.3 模型（5.1）和模型（5.2）的估计结果

解释变量	模型（5.1）		模型（5.2.a）		模型（5.2.b）	
	OLS	FE	OLS	FE	OLS	FE
rxh	-0.525***	-0.449***	1.396***	1.104***	-2.001***	-1.252***
	(-65.81)	(-61.53)	(31.27)	(25.19)	(-44.81)	(-28.80)
$sdrxh$	-0.309***	-0.297***	-0.069***	-0.115***	-0.546***	-0.488***
	(-92.88)	(-98.53)	(-3.68)	(-6.33)	(-29.33)	(-27.22)
$fgdp$	0.247***	0.085***	1.325***	0.804***	0.348***	0.316***
	(91.38)	(33.50)	(87.71)	(52.98)	(23.04)	(20.99)
fc	-0.509***	-0.909***	-1.992***	-2.293***	-0.605***	-1.056***
	(-146.10)	(-252.70)	(-102.20)	(-106.10)	(-31.03)	(-49.25)
tfp	0.126***	0.368***	0.639***	1.009***	0.348***	0.859***
	(45.44)	(133.50)	(41.19)	(61.01)	(22.42)	(52.35)
$size$	0.665***	0.593***	2.269***	2.398***	1.597***	1.387***
	(227.70)	(215.20)	(138.70)	(144.70)	(97.63)	(84.34)
C	12.21***	13.18	-14.70***	-12.86	4.632***	4.940
	(302.40)	(0.00)	(-65.01)	(-0.00)	(20.48)	(0.00)
行业效应	NO	YES	NO	YES	NO	YES
地区效应	NO	YES	NO	YES	NO	YES
时间效应	NO	YES	NO	YES	NO	YES
N	292225	292225	292225	292225	292225	292225
R^2	0.2718	0.4255	0.1200	0.2002	0.0539	0.1536
F	18181.7	2575.5	6638.5	870.8	2774.8	631.2

注：回归系数下括号内为该系数的t值，***表示在1%的显著性水平下变量显著。

另外，企业的全要素生产率、企业规模会对企业出口产生正向影响，且均通过了1%水平下的显著性检验，这足以体现企业自身特征对其出口行为的显著影响。企业出口产品的生产效率较高，也就是企业的全要素生产率水平较高，可以显著促进企业出口的良性发展。企业规模从某种意义上说也代表着企业的实力，规模越大的企业，实力也往往越雄厚，这些企业更有实力支付进入出口市场的沉没成本，较好地应对国际市场上激烈的竞争，因而规模较大的企业也倾向于更多地出口，从而进一步提高自身的市场地位。

进一步地，本书尝试进行如下稳健性检验：选用解释变量的滞后一期作为新的解释变量，对模型（5.1）、模型（5.2）重新进行检验，缓解可能存在的同期相关问题，相应的回归结果记入表5.4。表5.4的稳健性检验结果中，各变量的符号基本与表5.3一致，进一步说明本书的主要结论比较稳健。

表5.4 模型（5.1）和模型（5.2）的稳健性检验结果

解释变量	模型（5.1）	模型（5.2.a）	模型（5.2.b）
rxh	−0.337***	2.248***	−1.422***
	(−34.42)	(34.97)	(−22.54)
$sdrxh$	−0.258***	0.053**	−0.493***
	(−67.46)	(2.125)	(−20.07)
$fgdp$	0.113***	0.719***	0.432***
	(35.35)	(34.21)	(20.92)
fc	−0.667***	−2.273***	−1.141***
	(−146.1)	(−75.89)	(−38.81)
tfp	0.344***	1.138***	1.044***
	(101.6)	(51.25)	(47.90)
$size$	0.575***	2.464***	1.478***
	(173.5)	(113.3)	(69.23)
C	8.992	−24.710	−5.803
	(0.00)	(−0.00)	(−0.00)
行业效应	YES	YES	YES
地区效应	YES	YES	YES
时间效应	YES	YES	YES
N	200756	200756	200756
R^2	0.3457	0.1919	0.1670
F	1262.4	567.4	479.1

注：回归系数下括号内为该系数的t值，***、**表示在1%、5%的显著性水平下变量显著。

5.1.1.4 综合对比分析

本部分将进一步对比分析汇率变动对不同出口企业行为的影响是更多地体现在对其出口额的集约边际方面还是其出口国家和出口商品种类的扩展边际方面。进行对比分析的思路是，比较汇率变动对企业出口额、出口国家数以及出口商品种类数的影响系数的大小。由于被解释变量的数量级并不相同，因而需要对上文所得估计系数进行标准化处理，模型（5.1）和模型（5.2）中企业层面实际有效汇率估计系数的标准化计算公式为

$$A_1 = \alpha_1 \times s(rxh) \div s(\ln exp)$$
$$A_2 = \alpha_2 \times s(rxh) \div s(gjexpnum)$$
$$A_3 = \alpha_3 \times s(rxh) \div s(expnum)$$

企业层面实际有效汇率波动估计系数的标准化计算公式为

$$B_1 = \beta_1 \times s(sdrxh) \div s(\ln exp)$$
$$B_2 = \beta_2 \times s(sdrxh) \div s(gjexpnum)$$
$$B_3 = \beta_3 \times s(sdrxh) \div s(expnum)$$

其中，$s(rxh)$、$s(sdrxh)$分别表示企业层面实际有效汇率水平及汇率波动的标准差；$s(\ln exp)$、$s(gjexpnum)$、$s(expnum)$分别表示企业出口额、出口国家数、出口商品种类数的标准差；α_1、α_2、α_3分别为模型（5.1）、模型（5.2.a）和模型（5.2.b）中企业层面实际有效汇率对企业出口额、出口国家数、出口商品种类数的影响系数；β_1、β_2、β_3分别为模型（5.1）、模型（5.2.a）和模型（5.2.b）中企业层面实际有效汇率波动对企业出口额、出口国家数、出口商品种类数的影响系数。如果标准化系数$A_1 > A_2 > A_3$，则表示企业实际有效汇率对企业出口额的影响最大，对企业出口国家数的影响次之，对企业出口商品种类数的影响最小，依此类推。

按上述计算公式得出模型（5.1）、模型（5.2.a）和模型（5.2.b）中汇率水平变化的标准化系数分别为-0.091、0.096和-0.070，而汇率波动的标准化系数分别为-0.133、-0.009和-0.056。由此可见，汇率

水平变化对出口额的负向影响最大，对出口商品种类数的负向影响较小；汇率波动对企业出口额的影响最大，对出口商品种类数的影响次之，汇率升值能够促进企业拓展出口市场，且汇率波动对企业出口市场数的负向影响最小。

5.1.2 贸易伙伴类型角度的异质性分析

从上文的分析可知，国外市场需求对企业出口具有显著的正向影响。一般而言，贸易伙伴国的经济及收入水平越高，对企业而言，其出口的机会也就越多，但不同贸易伙伴国对出口商品的需求不同，即出口商品属性可能会因出口国家类别而异。贸易伙伴国对一国长期经济增长具有重要影响，与经济发展水平较高的国家建立贸易关系，可能会借由技术溢出、竞争效应等反向促进出口国企业加大研发（Schneider，2005），因而与不同国家展开出口贸易所需支付的沉没成本有所不同。汇率变动无疑可从成本角度影响出口贸易。笔者认为，汇率变动对向不同类型国家出口的影响有所不同。另外，从第4章特征性的事实分析中可以看出，向不同类型国家出口的企业的汇率变动水平存在差异。因此，本书将企业出口贸易伙伴国类型作为企业特征异质性的标准之一，以此来考察面临汇率变动时向不同类型国家的出口是否会受到差异性的影响，以期为出口企业选择贸易伙伴国类型提供参考依据。

5.1.2.1 汇率变动与企业出口额

本书首先按照出口伙伴国的类型，就汇率变动对企业出口额的影响进行分组回归。值得注意的是，本书并非简单地将贸易伙伴国划分为发达国家和发展中国家两类，而是考虑企业既出口到发达国家又出口到发展中国家的情况，将样本分为仅向发达国家出口、仅向发展中国家出口以及既向发达国家又向发展中国家出口三组，相应的回归结果记入表5.5。

表 5.5　模型（5.1）按贸易伙伴国类型分组的检验结果

解释变量	发达国家	发展中国家	发达国家和发展中国家
rxh	-0.475***	-0.016	-0.540***
	(-29.78)	(-0.46)	(-63.22)
$sdrxh$	-0.367***	-0.277***	-0.270***
	(-64.68)	(-23.10)	(-79.43)
$fgdp$	0.037***	0.029***	0.067***
	(8.49)	(2.60)	(21.35)
fc	-0.818***	-0.650***	-0.767***
	(-147.50)	(-39.75)	(-142.50)
tfp	0.274***	0.284***	0.377***
	(57.09)	(19.24)	(122.00)
$size$	0.484***	0.213***	0.585***
	(95.04)	(13.91)	(192.60)
C	14.24***	9.218***	10.84
	(18.86)	(5.02)	(0.00)
行业效应	YES	YES	YES
地区效应	YES	YES	YES
时间效应	YES	YES	YES
N	112503	13910	165812
R^2	0.4087	0.3309	0.4309
F	936.1	85.5	1476.0

注：回归系数下括号内是该系数相应的 t 值，***表示在1%的显著性水平下变量显著。

实证回归结果表明，企业出口目的国为发达国家时，人民币实际有效汇率升值将阻碍企业出口贸易额的增加，汇率波动对这类企业的影响也显著为负；尽管仅向发达国家出口的企业的汇率波动相对较小，但其回归系数的绝对值在三个分组下却最大。因此，笔者认为，对于仅向发达国家出口的企业而言，汇率变动对企业出口额的影响更多地体现在汇率波动方面。

对于仅向发展中国家出口的企业而言，实际有效汇率升值会减少企业出口贸易额，但回归系数并未通过显著性检验；汇率波动仍然会对企业出口额产生显著的负向影响。发展中国家对中国出口商品的需求相对稳定，因而仅向发展中国家出口的企业出口额受汇率波动的影响相对仅向发达国家出口的企业来说要小。

对于既向发达国家出口又向发展中国家出口的企业而言，汇率水平对其出口额具有显著的负向影响。汇率波动风险与企业出口额呈现显著的负相关关系，从影响系数的绝对值的大小来看，既向发达国家又向发展中国家出口的企业出口额所受影响最小。这类企业可以在其既定的出口市场范围内进行调整，从而对汇率波动的不利影响进行对冲，因而汇率波动对向这些国家出口的中国企业的负向作用相对仅向发达国家出口的企业而言较小。

5.1.2.2 汇率变动与出口扩展边际

本书按照贸易伙伴国的类型，就汇率变动对企业出口扩展边际的影响进行分组回归，相应的结果记入表 5.6。

仅向发达国家出口的企业，在面临汇率升值时，其出口国家数会减少，汇率波动会促进这类企业出口市场的扩张。仅向发展中国家出口的子样本检验结果表明，汇率水平对出口国家数呈不显著的正向影响。笔者认为，这部分企业的贸易伙伴相对稳定，汇率升值可能会导致这部分企业拓展出口市场，汇率波动对该类企业出口国家数的弹性系数显著为负。既向发达国家又向发展中国家出口的企业，汇率水平和汇率波动对其出口国家数的弹性系数均显著为负。该类企业在面临汇率变动时，会作出谨慎扩张市场的决策。

按贸易伙伴国的类型划分的三个子样本的检验结果显示，汇率变动对企业出口商品种类均呈现负向影响：既向发达国家又向发展中国家出口的子样本的汇率波动的系数绝对值最大，仅向发展中国家出口的最小，仅向发达国家出口的居中。由特征性的事实分析可知，仅向发达国家出口的企业所面临的汇率波动水平最小，既向发达国家又向发展中国家出口的企业所面临的汇率波动水平居中，仅向发展中国家出口的企业所面临的汇率波动最大。表 5.5 汇率波动影响企业出口额的估计结果显示，发达国家子样本的估计系数绝对值最大。这与表5.6的回归结果形成对比。笔者认为，在面临汇率波动时，仅向发达国家出口的企业出口额受到汇率波动的负向影响最大，但这部分企业会通过市场多元化进入更多的发达国家市场，技术溢出、竞争效应等将会反向促进其企业生产率的提高，这将有助于缓解汇率波动对其出口的不利影响。

表5.6 模型（5.2）按贸易伙伴国类型分组的检验结果

解释变量	被解释变量：出口国家数			被解释变量：出口商品种类数		
	发达国家	发展中国家	发达国家和发展中国家	发达国家	发展中国家	发达国家和发展中国家
rxh	−0.339***	0.006	0.137**	−1.367***	−0.103	−1.797***
	(−18.10)	(0.13)	(1.98)	(−21.65)	(−1.11)	(−25.45)
$sdrxh$	0.044***	−0.161***	−0.609***	−0.542***	−0.185***	−0.583***
	(6.65)	(−9.66)	(−22.11)	(−24.20)	(−5.82)	(−20.79)
$fgdp$	0.203***	0.183***	0.919***	0.236***	−0.0313	0.298***
	(40.17)	(11.69)	(36.39)	(13.86)	(−1.05)	(11.59)
fc	−0.371***	−0.488***	−3.545***	−0.607***	−0.285***	−1.278***
	(−56.97)	(−21.45)	(−81.23)	(−27.68)	(−6.57)	(−28.75)
tfp	0.0027	0.072***	1.180***	0.274***	0.274***	1.131***
	(0.48)	(3.49)	(47.04)	(14.43)	(6.99)	(44.25)
$size$	0.255***	0.140***	2.738***	0.679***	0.038	1.571***
	(42.63)	(6.58)	(111.10)	(33.73)	(0.94)	(62.58)
C	0.881	0.089	1.911	1.951	−0.761	−24.10
	(0.99)	(0.03)	(0.00)	(0.65)	(−0.16)	(−0.00)
行业效应	YES	YES	YES	YES	YES	YES
地区效应	YES	YES	YES	YES	YES	YES
时间效应	YES	YES	YES	YES	YES	YES
N	112503	13910	165812	112503	13910	165812
R^2	0.0880	0.1041	0.1949	0.2730	0.1554	0.1304
F	130.8	20.1	472.1	508.6	31.8	292.2

注：回归系数下括号内为该系数的t值，***、**表示在1%、5%的显著性水平下变量显著。

5.1.2.3 综合对比分析

表 5.7 给出了按贸易伙伴国类型分组的汇率变动影响企业出口的标准化系数计算结果。

由表 5.7 可知：对于仅向发达国家出口的企业而言，汇率水平变化会对企业出口额、出口国家数和出口商品种类数产生负向影响。因此，汇率升值时，这类企业会作出的决策是减少出口市场和出口商品的种类，企业出口额也会相应减少。汇率波动对其出口国家具有显著的正向影响，但综合考虑，汇率波动会对企业出口行为产生不利影响。

表 5.7　按贸易伙伴国类型分组的标准化系数比较

	A_1	A_2	A_3	B_1	B_2	B_3
发达国家	-0.087	-0.070	-0.076	-0.160	0.022	-0.072
发展中国家	-0.004	0.001	-0.009	-0.170	-0.088	-0.040
发达国家和发展中国家	-0.138	0.005	-0.071	-0.155	-0.052	-0.052

对于仅向发展中国家出口的企业而言，汇率水平变化对企业出口国家数的正向影响小于其对企业出口额和出口商品种类数的负向影响。本书对此的解释为：中国企业与发展中国家的贸易伙伴关系相对稳定，汇率升值时，企业出口国家数不会受到负向的影响。但表 5.7 的结果显示，汇率波动对仅向发展中国家出口的企业出口额的负向影响要大于对企业出口国家数的负向影响。可见，在面临大幅汇率波动时，这类企业的出口收益仍然免不了遭受负向影响。

对于既向发达国家又向发展中国家出口的企业而言，汇率水平变化会对其出口国家数产生正向影响，这与仅向发展中国家出口的企业的情况类似。汇率波动会对既向发达国家又向发展中国家出口的企业行为产生负向影响，对出口额的影响最大，对出口国家数和出口商品种类数的影响大致相同。

5.1.3 企业所有制角度的异质性分析

中国作为一个体制转型的经济体，与一般市场个体的一大重要差异在于中国企业产权制度的多样化（赵伟，赵金亮，2011）。目前，企业注册类型分为国有、集体、私营、外资等十大类型，不同所有制类型的企业在出口过程中享有不同的待遇，因而造成不同所有制企业的出口行为特征呈现较大差异。特征性事实部分显示，不同类型企业所面临的汇率变动情况不同，具体表现在国有企业、集体企业和私营企业面临的汇率变动水平要高于总体均值，而外商独资企业、中外合资企业、中外合作企业的汇率变动水平要低于总体均值（隋洪光，2017）。汇率波动水平最低的中外合作企业和汇率波动水平最高的私营企业之间存在显著的差距。既然不同所有制类型的出口企业所面临的汇率变动存在明显的差异，那么从企业所有制类型角度考察出口企业在面临汇率变动时是否会有差异化的反应自然有其必要性。

5.1.3.1 汇率变动与企业出口额

本书按照企业类型分组检验汇率变动对企业出口额的影响，回归结果见表5.8。分组样本回归结果表明，实际有效汇率变化对不同类型企业出口额的影响呈现显著的差异：国有企业的汇率变化的弹性系数为正，与总体样本回归的弹性系数符号相反；集体企业子样本下汇率变化的弹性系数未通过显著性检验。本书对此的解释为：上述两类企业经营过程中政府主导的作用较为明显。中外合资和外商独资企业由于有国外资本的介入，在日常生产经营过程中受到外商经营管理的影响，经营环境相对自由，因而汇率变动对企业出口的影响比较遵循理论预期。私营企业受政府保护程度明显弱于国有企业和集体企业，也没有外资企业可能获得的国外技术支持，因而在汇率升值时，出口额会有所减少。

汇率波动对各类企业的出口额均会产生不利影响，影响差异体现在估计系数的大小上。特征性事实部分显示，私营企业面临的汇率波动水平最大；但从表 5.8 的回归结果来看，私营企业对应的汇率波动的估计系数的绝对值与其他几类企业相比并非最大。笔者认为，私营企业对市场的反应速度要快于国有企业和集体企业，如采取浮动汇率报价机制、加快技术创新等措施规避汇率波动对企业出口造成的不良影响。

表 5.8 模型（5.1）按企业类型分组检验结果

解释变量	国有企业	集体企业	私营企业	中外合资合作企业	外商独资企业
rxh	0.091**	−0.051	−0.069***	−0.238***	−0.761***
	(2.31)	(−1.58)	(−4.92)	(−15.84)	(−59.07)
$sdrxh$	−0.311***	−0.251***	−0.193***	−0.279***	−0.284***
	(−21.36)	(−19.40)	(−34.33)	(−45.52)	(−46.54)
$fgdp$	0.230***	0.200***	0.110***	0.137***	−0.060***
	(17.13)	(17.27)	(19.43)	(28.54)	(−16.23)
fc	−0.991***	−0.936***	−0.841***	−1.026***	−0.871***
	(−50.88)	(−38.70)	(−69.20)	(−155.00)	(−186.70)
tfp	0.396***	0.306***	0.266***	0.412***	0.366***
	(27.77)	(20.99)	(37.36)	(82.61)	(99.00)
$size$	0.422***	0.462***	0.510***	0.664***	0.789***
	(31.07)	(32.94)	(68.17)	(127.40)	(199.20)
C	9.150***	7.141***	10.88***	13.80***	10.97
	(8.60)	(4.34)	(11.30)	(13.48)	(0.00)
行业效应	YES	YES	YES	YES	YES
地区效应	YES	YES	YES	YES	YES
时间效应	YES	YES	YES	YES	YES
N	14577	15483	53917	82013	109844
R^2	0.3728	0.2796	0.2596	0.4865	0.6005
F	106.4	78.7	248.3	970.2	2088.9

注：回归系数下括号内为该系数的 t 值，***、**表示在1%、5%的显著性水平下变量显著。

5.1.3.2 汇率变动与出口扩展边际

表5.9列出的回归结果①显示,按企业类型分组的汇率变动对企业决策出口国家数的影响与总体样本回归的结果一致,即汇率升值会导致企业向更多的国家出口;除外商独资企业外,汇率波动幅度的增强不利于企业出口市场的拓展,相应的影响系数均通过1%水平下的显著性检验。从影响系数绝对值的大小来看,汇率水平变化对中外合资合作企业的影响最大,而对外商独资企业的作用较小;汇率波动对国有企业拓展出口市场的阻碍作用要显著大于其他类型的企业。

表5.9 模型(5.2)按企业类型分组检验结果

解释变量	被解释变量:出口国家数				
	国有企业	集体企业	私营企业	中外合资合作企业	外商独资企业
rxh	2.685***	1.715***	0.711***	3.004***	0.590***
	(11.55)	(8.19)	(8.28)	(31.73)	(6.96)
$sdrxh$	-1.047***	-0.710***	-0.330***	-0.085**	0.401***
	(-12.20)	(-8.47)	(-9.65)	(-2.20)	(9.99)
解释变量	被解释变量:出口商品种类数				
	国有企业	集体企业	私营企业	中外合资合作企业	外商独资企业
rxh	2.117***	-0.386*	-0.558***	-1.263***	-2.293***
	(5.21)	(-1.73)	(-8.83)	(-14.28)	(-27.63)
$sdrxh$	-0.821***	-0.443***	-0.299***	-0.560***	-0.395***
	(-5.47)	(-4.95)	(-11.87)	(-15.50)	(-10.05)
N	14577	15483	53917	82013	109844

注:回归系数下括号内为该系数的t值,***、**、*分别表示在1%、5%和10%的显著性水平下变量显著。

模型(5.2.b)的回归结果显示,汇率水平对企业确定出口商品种类数的影响在于不同所有制类型中呈现正负不一的状态,国有企业在面

---

① 在此仅列出核心解释变量的回归结果,详细结果见附表4和附表5。

对汇率水平变化时仍选择出口更多种类的商品。笔者认为，这与国有企业能够得到更多的如研发资助等形式的政府资助有关，这样在人民币升值时，企业便可以通过研发新产品打入国际市场，从而缓解由于汇率升值而带来的负向影响。从估计系数的绝对值来看，汇率升值对企业出口商品种类数的不利影响以外商独资企业最大，中外合资合作企业次之，且外资企业的估计系数要显著大于集体企业和私营企业。从汇率波动对企业出口商品种类数的影响的角度来看，表5.9的结果呈现出较强的负向一致性，国有企业对应的汇率波动的估计系数绝对值最大，私营企业的最小。

5.1.3.3 综合对比分析

本部分通过计算按企业所有制类型分组的标准化系数，来比较各类型企业在面临汇率变动时出口的集约边际及扩展边际所受的影响。

由表5.10可以看出：首先，汇率水平变化对不同类型企业出口国家数的估计系数均为正，且对国有企业、集体企业、中外合资合作企业出口国家数的影响最大，在汇率升值背景下，企业扩张出口市场的趋势明显。其次，汇率水平变化对国有企业、集体企业、私营企业、中外合资合作企业出口额的影响要小于对其出口商品种类数的影响；汇率水平变化对外商独资企业出口额的影响要大于对其出口商品种类数的影响。

表 5.10 按企业所有制类型分组的标准化系数比较

	A_1	A_2	A_3	B_1	B_2	B_3
国有企业	0.018	0.104	0.051	−0.141	−0.093	−0.045
集体企业	−0.013	0.069	−0.015	−0.132	−0.060	−0.037
私营企业	−0.021	0.037	−0.043	−0.129	−0.039	−0.052
中外合资合作企业	−0.046	0.113	−0.052	−0.118	−0.007	−0.051
外商独资企业	−0.130	0.021	−0.086	−0.092	0.028	−0.028

对国有企业和集体企业而言，汇率波动对企业出口额、出口国家数、出口商品种类数的负向影响呈递减趋势；对私营企业和中外合资合

作企业而言，汇率波动对其出口国家数的影响最大，对其出口商品种类数的影响次之，对其出口额的影响最小；对外商独资企业而言，汇率波动对其出口额的负向影响最大，对其出口商品种类数的负向影响次之，对其出口国家数却呈现正向影响。

为综合考虑汇率水平变化和汇率波动对企业出口市场拓展的影响，本书采用将两个解释变量的标准化系数相加的方法。结果显示，在面临汇率变动时，各类型企业出口额都会遭受负向冲击，外资企业（包括中外合资合作企业及外商独资企业）更倾向于通过拓展出口市场来分散汇率风险的激进行为，除国有企业外的其他四种类型企业的出口商品种类数都会受到汇率变动的负向冲击。对比表 5.10 中 1—3 列和 4—6 列的结果可知，汇率变动对各类型集约边际和扩展边际的作用呈非对称性，各类型企业应根据其汇率变化和汇率波动水平的相对大小来调整自身的出口行为。

5.1.4　贸易类型角度的异质性分析

中国进出口贸易的主要方式为一般贸易和加工贸易。据海关统计，自 1992 年开始，加工贸易增长迅猛，尤其是在出口方面，加工贸易占比自 1995 年开始逐步远超过一般贸易。图 4.7 显示，直至 2010 年，加工贸易占比才与一般贸易占比持平。与此同时，样本期内仅从事一般贸易的出口企业、同时从事两种类型贸易的出口企业以及仅从事加工贸易的企业所面临的汇率变动情况表现出阶梯性递减状态。那么，不同类型企业的出口行为在面临差异性的汇率变动时的反应是否和汇率变动的分布趋势一样？本部分将按照贸易类型进行分组回归，对上述问题给予解答。

5.1.4.1　汇率变动与企业出口额

本书按企业贸易类型，将总样本内的企业分为仅参与一般贸易、仅参与非一般贸易①以及参与两种类型贸易三种情况。表 5.11 给出了相应的回归结果。

表 5.11　模型（5.1）按贸易类型分组检验结果

解释变量	一般贸易	非一般贸易	两种类型贸易
rxh	-0.207***	-0.870***	-0.366***
	(-22.21)	(-33.37)	(-32.12)
$sdrxh$	-0.212***	-0.338***	-0.204***
	(-56.19)	(-27.63)	(-42.39)
$fgdp$	0.075***	-0.030***	0.048***
	(21.09)	(-5.05)	(13.26)
fc	-0.839***	-0.913***	-0.856***
	(-164.00)	(-120.00)	(-145.40)
tfp	0.280***	0.406***	0.398***
	(64.79)	(68.65)	(116.70)
$size$	0.358***	0.766***	0.604***
	(81.61)	(118.60)	(179.00)
C	11.28***	13.42***	10.93
	(13.65)	(17.16)	(0.00)
行业效应	YES	YES	YES
地区效应	YES	YES	YES
时间效应	YES	YES	YES
N	135361	46703	110161
R^2	0.3300	0.6199	0.4883
F	802.9	987.7	1265.6

注：回归系数下括号内为该系数的 t 值，＊＊＊表示在1%的显著性水平下变量显著。

三种类型企业出口额均会受到汇率变动的负向冲击。从汇率变化影响企业出口额的估计系数的绝对值来看，仅从事加工贸易的企业最大，从事两类贸易的次之，仅从事一般贸易的企业最小。本书从汇率升值的

---

① 中国海关进出口数据库中记录的贸易类型除一般贸易外还有多种，但非一般贸易类型中加工贸易占绝大部分，为尽可能地保证表述上的准确性，本书将非一般贸易作为与一般贸易并列的一大贸易类型，下文同。

角度进行分析,对仅从事一般贸易的企业而言,其出口额的增加更加依赖于劳动力成本优势、汇率波动、企业全要素生产率等因素,因而挤占汇率水平对企业出口额的负向影响。本书得出的结论与梁永汉等(2011)就人民币汇率变动对进出口企业影响进行的调查与分析中所得出的结论一致。调查资料显示,从事一般贸易的出口企业的最大挑战来自国外市场,在汇率升值时,该类出口企业利润所受冲击要小于加工贸易企业,且该类出口企业承受汇率冲击的能力要强于加工贸易企业。

从事加工贸易的企业的出口随人民币升值而下降。该类企业的产品一般比较低端,人民币升值会导致其成本上升,这些企业中有外商投资的甚至会出现外商撤资、企业破产的情况。也就是说,汇率变动加深了加工贸易企业面临的生产经营困境,可能会引发企业出口额降低。

单从一般贸易和非一般贸易两者而言,汇率波动对从事加工贸易的企业的负向作用更加明显。本书选取的样本中既参与一般贸易又参与非一般贸易的企业占总样本的38%,这类企业的出口额在汇率升值及汇率波动时均表现为显著的下降趋势。本书对此的解释为:此类企业所从事的一般贸易与非一般贸易存在紧密的相关性,汇率变动对企业内部两种贸易类型的影响会产生抵补作用。总体来说,从事加工贸易的出口企业的汇率风险管理能力还有待进一步提高,以更好地适应汇率波幅不断增大对其出口造成的不利影响。

5.1.4.2 汇率变动与出口扩展边际

按贸易类型分组的检验结果显示,汇率变化与企业出口市场的拓展呈正相关关系,即汇率升值会促进企业出口国家数的增加,且汇率波动也会对仅从事非一般贸易和从事两种类型贸易的企业的市场拓展产生正向影响,对仅从事一般贸易的出口企业而言,汇率波动起负向作用。综合考虑汇率水平变化和汇率波动可知,仅从事一般贸易的企业在汇率变动时选择扩张市场的动机最小,仅从事非一般贸易的企业次之,从事两种类型贸易的企业通过扩张出口市场的形式来应对汇率变动的倾向性最大。

表5.12 模型（5.2）按贸易类型分组检验结果

解释变量	被解释变量：出口市场数		
	一般贸易	非一般贸易	两种类型贸易
rxh	0.651***	0.404***	3.749***
	(13.76)	(2.67)	(36.41)
$sdrxh$	-0.205***	0.446***	0.237***
	(-10.70)	(6.29)	(5.44)
解释变量	被解释变量：出口商品种类数		
	一般贸易	非一般贸易	两种类型贸易
rxh	-0.575***	-1.186***	-1.727***
	(-15.57)	(-9.13)	(-14.42)
$sdrxh$	-0.282***	-0.407***	-0.591***
	(-18.84)	(-6.68)	(-11.67)
N	135361	46703	110161

注：回归系数下括号内为该系数的 t 值，＊＊＊表示在1%的显著性水平下变量显著。

汇率变动对三种类型企业的出口商品种类数均会产生负向影响，差异体现在回归系数的大小上。由此可见，企业在汇率变动时减少出口商品种类的态度比较明确。

表5-12仅列出了核心解释变量的估计结果，详细估计结果见附表6和附表7。

5.1.4.3 综合对比分析

本部分通过计算按贸易类型分组的标准化系数，来比较各类型企业在汇率变动时出口的集约边际及扩展边际所受的影响。

对仅从事一般贸易的出口企业而言，汇率变化水平对其出口额的负向影响要大于对其出口商品种类数的负向影响，对其出口国家数的影响为正。汇率波动对仅从事一般贸易的企业出口行为具有不利影响。随着汇率波动幅度的增强，企业出口额所受到的冲击最大，出口商品种类数次之，出口国家数最小。

表 5.13　按贸易类型分组的标准化系数比较

	A_1	A_2	A_3	B_1	B_2	B_3
一般贸易	-0.057	0.041	-0.050	-0.128	-0.028	-0.054
非一般贸易	-0.115	0.014	-0.047	-0.079	0.027	-0.028
两种类型贸易	-0.080	0.109	-0.046	-0.093	0.014	-0.033

对仅从事非一般出口贸易的企业而言，汇率水平变化有促进这类企业扩张出口市场的动机，对其出口商品种类数的负向影响较小，对其出口收益的负向影响最大。汇率波动对这类企业出口收益的负向影响最大，对其出口商品种类数的影响次之，对其出口国家数的影响最小。综合比较可知，对仅从事非一般贸易的出口企业而言，在汇率波动时，选择通过扩张出口市场分散汇率风险的动机最大，产品多元化的策略为次优选择，即这类企业拟通过扩张市场和产品多元化来缓冲汇率波动对其出口收益的冲击。

对从事两种类型贸易的出口企业而言，汇率水平变化促使这类企业扩张出口市场的动机最大，对其出口商品种类数的负向影响次之，对其出口收益的负向影响最大。汇率波动同样对这类企业出口收益的负向影响最大，对其出口商品种类数的影响次之，对其出口国家数的影响最小。

5.1.5　所属行业角度的异质性分析

中国是一个劳动力相对富足、资本相对缺乏的国家，长期以来，凭借劳动力的比较优势，出口以劳动密集型为主的商品，直至入世后，资本及技术密集型商品的出口比重才逐渐增加。企业所属行业要素密集度之间的差异或将导致企业在面临汇率变动时采取不同的出口行为。文争为（2011）指出，不同 HS4 行业的汇率传递差异非常大。因此，本部分将进一步采用微观层面的汇率及出口数据对不同行业的企业在面临汇率变动时的差异性反应进行分析。

5.1.5.1 汇率变动与企业出口额

本书参考 Lall（2000）的做法，将总体样本划分为劳动密集型、资本密集型和技术密集型三大类别①的子样本，继而对基准模型进行实证检验，结果见表 5.14。

按企业所属行业类型分组的回归结果显示，各变量的弹性系数符号与总样本一致，且均比较显著。从影响系数的绝对值来看，劳动密集型企业对应的汇率变动的估计系数的绝对值要小于其他两类企业。本书对上述结果的解释为：劳动密集型产品需求弹性较小，面临汇率变动时需求量的变化因升值而下降的较少，而资本密集型行业和技术密集型行业具有投资高、风险大的特点，汇率变动带来的不确定性在更大程度上表现为加剧了企业进入出口市场的风险，因而与劳动密集型企业相比，资本密集型企业和技术密集型企业的出口行为决策受到的影响更大，企业的出口行为更加谨慎。中国出口贸易历经多年的发展，出口结构逐步实现由劳动密集型产品向技术密集型产品的转变。这一过程伴随着汇率变动幅度的增加，因而出口企业应加快提升研发水平，降低技术密集型产品的生产成本，增强其在国际市场上的竞争力，从而规避汇率变动造成的不利影响。

---

① 劳动密集型行业包括：煤炭开采和洗选业，黑色金属矿采选业，有色金属矿采选业，农副食品加工业，食品制造业，纺织业，纺织服装、鞋、帽制造业，皮革、毛皮、羽毛（绒）及其制造业，木材加工及木、竹、藤、棕、草制品业，家具制造业，文教体育用品制造业，非金属矿物制品业，金属制品业，其他采矿业，工艺品及其他制造业，废弃资源和废旧材料回收加工业。资本密集型行业包括：石油和天然气开采业，饮料制造业，烟草制造业，造纸及纸制品业，印刷业和记录媒介的复制，石油加工、炼焦及核燃料加工业，化学原料及化学制品制造业，化学纤维制造业，橡胶制品业，塑料制品业，黑色金属冶炼及压延加工业，有色金属冶炼及压延加工业，电力、热力的生产和供应业，燃气生产和供应业，水的生产和供应业。技术密集型行业包括：医药制造业，通用设备制造业，专用设备制造业，交通运输设备制造业，电气机械及器材制造业，通信设备、计算机及其他电子设备制造业，仪器仪表及文化、办公用机械制造业。

表 5.14 模型（5.1）按企业所属行业类型分组检验结果

解释变量	劳动密集型	资本密集型	技术密集型
rxh	-0.289***	-0.468***	-0.665***
	(-30.31)	(-23.83)	(-48.38)
$sdrxh$	-0.252***	-0.353***	-0.353***
	(-64.03)	(-43.21)	(-61.58)
$fgdp$	0.107***	0.110***	0.039***
	(33.37)	(15.65)	(7.78)
fc	-0.852***	-0.970***	-0.891***
	(-135.50)	(-115.00)	(-139.60)
tfp	0.285***	0.424***	0.423***
	(75.96)	(61.62)	(81.53)
$size$	0.568***	0.522***	0.655***
	(157.30)	(76.72)	(124.60)
C	10.82***	10.79***	13.89
	(215.30)	(104.90)	(0.00)
行业效应	YES	YES	YES
地区效应	YES	YES	YES
时间效应	YES	YES	YES
N	146569	46850	88730
R^2	0.3166	0.4844	0.4671
F	1542.6	1022.7	1727.1

注：回归系数下括号内为该系数的 t 值，***表示1%的显著性水平下变量显著。

5.1.5.2 汇率变动与出口扩展边际

由所属行业不同造成的汇率变动对企业出口扩展边际的差异性影响结果记入表5.15。分组检验结果表明，人民币升值可以促使企业拓展出口市场，向更多的国家出口也有助于分散技术密集型商品面临的汇率变动风险。从影响系数上来看，资本密集型企业最大。汇率水平变化对技术密集型企业出口商品种类数的负向影响最小。从中国整体经济增长方式来看，技术进步是核心，同时研发投入多是技术密集型企业的一大特征，也是其一大优势，因此同等情况下，技术密集型企业研发新产品并投入出口市场的倾向性更加明显。

表 5.15 模型（5.2）按企业所属行业类型分组检验结果

解释变量	被解释变量：出口市场数		
	劳动密集型	资本密集型	技术密集型
rxh	1.357***	1.389***	0.843***
	(22.96)	(12.23)	(9.907)
sdrxh	0.043*	-0.549***	-0.202***
	(1.759)	(-11.61)	(-5.69)
解释变量	被解释变量：出口商品种类数		
	劳动密集型	资本密集型	技术密集型
rxh	-1.642***	-1.219***	-0.701***
	(-25.32)	(-16.88)	(-8.78)
sdrxh	-0.499***	-0.422***	-0.470***
	(-18.87)	(-14.07)	(-14.10)
N	146569	46850	88730

注：回归系数下括号内为该系数的 t 值，***、*分别表示在1%、10%的显著性水平下变量显著。

资本密集型行业的出口企业市场扩张受到汇率波动的负向影响最大，而汇率波动对劳动密集型行业的企业出口商品种类数的负向冲击最大。总体来看，在面临汇率变动时，劳动密集型企业和技术密集型企业可能会通过拓展出口市场的形式来保障企业利润所得，资本密集型出口企业的决策则相对较为谨慎。表 5.15 仅列出了核心解释变量的估计结果，详细情况见附表 8 和附表 9。

5.1.5.3 综合对比分析

本部分通过计算按行业类型分组的标准化系数，来比较各类型企业在面临汇率变动时出口的集约边际及扩展边际所受的影响。

对劳动密集型企业和资本密集型企业而言，企业出口额和企业出口商品种类数受汇率变化的影响较大，汇率水平对出口国家数的影响为正，可在一定程度上弥补汇率变化对企业出口额和出口商品种类数的负向影响；企业出口额受汇率波动的影响最大，出口商品种类数所受影响次之，出口国家数所受影响最小。

对技术密集型企业而言，企业出口额受汇率变化的影响最大，但与劳动密集型企业和资本密集型企业不同的是，汇率变化对技术密集型企业出口商品种类数的影响较小，但对技术密集型企业出口行为的综合影响仍然为负。汇率波动对技术密集型企业出口额的负向影响最大，对企业出口商品种类数的负向影响次之，对企业出口国家数的负向影响最小。

表 5.16　按企业所属行业类型分组的标准化系数比较

	A_1	A_2	A_3	B_1	B_2	B_3
劳动密集型	−0.075	0.067	−0.075	−0.141	0.005	−0.049
资本密集型	−0.092	0.062	−0.090	−0.146	−0.051	−0.066
技术密集型	−0.140	0.037	−0.034	−0.158	−0.019	−0.049

5.1.6　持续出口时间角度的异质性分析

目前，已有很多学者从宏观层面研究汇率对中国出口贸易的影响，随着微观数据可得性的不断增长，汇率变动对企业层面出口的相关研究将成为趋势。企业出口持续时间是反映出口持续平稳发展的一个重要方面，然而，目前较少的微观层面研究缺乏对出口贸易关系持续时间的关注。笔者认为，汇率变动意味着企业所面临的外部环境的变化，对企业出口行为的影响也必然与持续存在时间的长短有关。通过对样本进行统计分析可知，汇率变动情况随持续出口时间的增加而有所缓解。也就是说，持续出口时间长的企业所面临的汇率变动情况较为缓和。那么，企业出口所受汇率变动的影响是否与汇率变动自身的分布趋势相同？本部分按照持续出口时间分组回归，以考察汇率变动对短期（1~3 年）、中期（4~7 年）、长期（8~10 年）以及多个持续出口时间段的出口企业具有怎样的差异影响。

5.1.6.1 汇率变动与企业出口额

一家企业进行出口贸易的持续时间可以在一定程度上反映这家企业乃至全国出口贸易发展的持续性和平稳性。出口贸易关系的持续时间是出口贸易增长的重要组成部分。按企业出口持续时间分组研究汇率变动对企业出口额的影响，有助于了解出口企业的生存动态。分组检验的详细结果见表5.17。

表5.17 模型（5.1）按企业持续出口时间分组检验结果

解释变量	1~3年	4~7年	8~10年	多持续出口时间段
rxh	-0.348***	-0.376***	-0.484***	-0.136***
	(-15.08)	(-34.53)	(-42.89)	(-4.64)
$sdrxh$	-0.191***	-0.279***	-0.334***	-0.190***
	(-22.21)	(-62.24)	(-63.37)	(-18.15)
$fgdp$	0.020**	0.072***	0.065***	0.068***
	(2.112)	(18.49)	(18.50)	(6.50)
fc	-0.769***	-0.828***	-0.901***	-0.828***
	(-61.58)	(-139.80)	(-166.20)	(-66.36)
tfp	0.314***	0.322***	0.408***	0.346***
	(28.64)	(74.95)	(114.50)	(27.27)
$size$	0.458***	0.537***	0.608***	0.438***
	(39.32)	(118.90)	(174.70)	(35.27)
C	12.57***	12.85	8.953***	7.013***
	(9.19)	(0.00)	(13.73)	(6.75)
行业效应	YES	YES	YES	YES
地区效应	YES	YES	YES	YES
时间效应	YES	YES	YES	YES
N	21957	117971	131066	21231
R^2	0.3725	0.3551	0.4817	0.4510
F	164.4	782.2	1484.5	222.8

注：回归系数下括号内为该系数的t值，***、**分别表示在1%、5%的显著性水平下变量显著。

表5.17的结果显示，当企业出口的状态仅存续1~3年时，汇率升

值对企业出口额的影响系数为-0.348，且通过1%水平下的显著性检验，短期内汇率升值对企业出口的负向作用相对较小。原因体现在两个方面：一方面，可能由于企业在升值背景下会有贬值预期，因而没有根据现有升值状态减少出口；另一方面，可能企业不能很好地应对升值冲击而做出退出市场的决定，在退出之前会处理存货，因而体现为企业出口额减少的幅度较小。汇率变化对持续出口4~7年的企业出口额呈现显著的负向影响；而汇率升值会显著降低持续出口8~10年的企业的出口额，且回归系数的绝对值要大于持续出口1~3年的企业；对多个持续出口时间段的企业而言，汇率变化对其出口额的负向影响要小于持续出口1~3年的企业。按企业持续出口时间划分的三个子样本，汇率波动对企业出口额的影响始终为负，均通过1%水平下的显著性检验，并且企业持续出口的时间越长，汇率波动对其造成的负向影响会越大（0.334>0.279>0.191）。多个持续出口时间段的企业汇率波动的弹性系数的绝对值在四个子样本中最小，结合与汇率变化对企业出口额的影响，笔者认为，退出出口市场后又重新进入的企业有一定的经验可循，可以在一定程度上减缓汇率变动对其出口额的不利影响。

5.1.6.2 汇率变动与出口扩展边际

表5.18给出了模型（5.2）按企业持续出口时间分组检验的结果，详细结果见附表10和附表11。企业持续出口的时间越长，汇率变化对企业出口市场个数的正向影响就越大。由此可见，对长期处于出口市场的企业而言，在面对汇率变化时作出扩大出口市场范围的决策的动机更加明显。汇率变化对出口商品种类数的影响与其对出口市场数的负向影响同样会随着企业持续出口时间的增加而增大（1.553>1.063>0.703）。对多个持续出口时间段的企业而言，汇率变化与其出口商品种类数呈现不显著的负向影响。结合表5.17的结果来看，随着持续出口时间的增加，企业更倾向于采用市场多元化战略来分散汇率变化对企业出口的不利影响，并且企业在长期出口状态下采用商品多元化的动机要比在短期和中长期出口状态下明显。

四个子样本下，汇率波动对企业出口国家数的影响均为负，且随持续出口时间的增加而减小；汇率波动对企业出口商品种类数的影响也均为负，但与对企业出口市场个数的影响不同的是，该弹性系数随着企业持续出口时间的增加而增大。对存在多个持续出口时间段的企业而言，汇率变动对其出口扩展边际的影响与对其出口额的影响呈现一致的趋势，即在一定程度上多次进入出口市场可以减缓汇率变动对其出口扩展边际的不利影响。

表5.18 模型（5.2）按企业持续出口时间分组检验结果

解释变量	被解释变量：出口市场数			
	1~3年	4~7年	8~10年	多持续出口时间段
rxh	-0.238**	0.804***	2.712***	0.973***
	(-2.522)	(13.08)	(31.08)	(9.10)
sdrxh	-0.119***	-0.039	0.070*	-0.069*
	(-3.376)	(-1.534)	(1.715)	(-1.804)
解释变量	被解释变量：出口商品种类数			
	1~3年	4~7年	8~10年	多持续出口时间段
rxh	-0.703***	-1.063***	-1.533***	-0.070
	(-7.961)	(-19.15)	(-16.68)	(-0.60)
sdrxh	-0.221***	-0.401***	-0.628***	-0.095**
	(-6.699)	(-17.53)	(-14.61)	(-2.297)
N	21957	117971	106802	21231

注：回归系数下括号内为该系数的 t 值，***、**和*分别表示在1%、5%和10%的显著性水平下变量显著。

5.1.6.3 综合对比分析

本部分将进一步计算按照企业持续出口时间分组的标准化系数（见表5.19），进而比较各类型企业在面临汇率变动时出口的集约边际及扩展边际所受的影响。

对持续出口1~3年的企业而言，汇率水平变化对出口额的影响最大，对出口商品种类数的影响次之，对出口国家数的影响显著为负。汇率波动对企业出口行为的影响按照出口额、出口商品种类数、出口国家数的顺序递减。由此可知，这类企业在面临汇率变动时扩张出口市场的动机较为明显，企业出口收益受到的负向冲击较大。

对持续出口 4~7 年的企业而言，汇率变化对企业出口行为的影响的分布趋势与持续出口 1~3 年的企业相同，且汇率变化的综合影响为负。汇率波动对企业出口行为的影响按照出口额、出口商品种类数、出口国家数的顺序递减，这与对持续出口 1~3 年的企业的影响的分布趋势也一致。

对持续出口 8~10 年的企业而言，汇率变化对企业出口额、出口商品种类数呈负向影响，汇率变化的综合影响仍为负。汇率波动对企业出口行为的影响按照出口额、出口商品种类数、出口国家数的顺序递减。

对多个持续出口时间段的企业而言，汇率变化对企业出口额的负向影响要大于对企业出口种类数的影响，但汇率变化对企业出口行为的综合影响为正。汇率波动对企业出口行为的影响按照出口额、出口商品种类数、出口国家数的顺序递减。

表 5.19 按企业持续出口时间分组的标准化系数比较

	A_1	A_2	A_3	B_1	B_2	B_3
持续出口 1~3 年	-0.095	-0.020	-0.068	-0.038	-0.007	-0.016
持续出口 4~7 年	-0.093	0.039	-0.059	-0.156	-0.004	-0.051
持续出口 8~10 年	-0.101	0.087	-0.049	-0.130	0.004	-0.037
多持续出口时间段	-0.030	0.074	-0.006	-0.098	-0.012	-0.018

5.2 汇率波动对企业出口的异质性影响

已有关于汇率变动影响出口贸易的研究大多得出非负即正的结论，但是汇率形成过程的非线性以及汇率传递过程的复杂性支持从非线性的视角审视汇率变动对出口贸易的影响，只是目前汇率变动非线性影响的文献还较少。因此，笔者认为，有必要在人民币汇率改革及全球化趋势的经济背景下，考察出口企业在面临不同汇率波动幅度时是否会对企业出口产生差异性的影响。本部分将建立非线性门限回归模型，通过实证分析解答上述疑问，旨在说明企业面临不同的汇率波动时具有异质性反应。本部分的结论对汇率波动影响出口贸易的理论研究具有拓展意义，将为这一领域的研究提供新的思路。

5.2.1 模型构建及数据说明

非线性计量经济模型是近年来研究某一变量对被解释变量产生的影响是否具有差异性时常用的建模思路。Hansen（1999）的门限面板回归模型是典型的非线性计量模型。该模型内生地根据数据自身特点划分区间，在诸多领域的研究中得到广泛应用。门限回归模型的构建思路如下：存在一个门限变量 g_{it}①，$g_{it} \leq \tau$ 时某一解释变量对被解释变量的影响与 $g_{it} > \tau$ 时同一解释变量对被解释变量的影响存在显著的差异。模型可表述如下：

$$\ln Y_{it} = C + \lambda' X_{it} + \theta_1 M_{it} I(\cdot) + \theta_2 M_{it} [1 - I(\cdot)] + \varepsilon_{it} \quad (5.3)$$

其中，i 表示个体，t 表示时间；Y_{it} 为被解释变量，g_{it} 为门限变量，τ 为特定的门槛值，受门限变量 g_{it} 影响的解释变量为 M_{it}，θ_1 和 θ_2 分别表示门限值 τ 所划分的两个区间内解释变量 M_{it} 对被解释变量 Y_{it} 的弹性系数；除 M_{it} 以外，能够显著影响被解释变量的变量计入 X_{it} 变量组，λ 是上述变量对应的系数向量；$I(\cdot)$ 为一个示性函数，当 $g_{it} \leq \tau$ 时，$I(\cdot) = 1$，否则，$I(\cdot) = 0$，$\varepsilon_{it} \sim iid(0, \sigma^2)$。

在模型（5.3）中，τ 相应的残差平方和为 $S(\tau) = \hat{e}(\tau)'\hat{e}(\tau)$。根据 Chan（1993）的观点，回归中的 τ 越接近门槛水平，则回归模型中的残差平方和就越小，可以通过最小化 $S(\tau)$ 来获得 τ 的估计值，即 $\hat{\tau} = \text{argmin} S(\tau)$。在估计出 $\hat{\tau}$ 以后，可以进一步估计出其他参数。得到参数估计值后，需要进行两个方面的检验：

模型（5.3）中解释变量 M_{it} 的系数 θ_1 和 θ_2 是否存在显著性的差异是第一个检验。若门限回归模型的检验结果表明 $\theta_1 = \theta_2$，说明该模型没

---

① 变量 g_{it} 既可以是某一影响解释变量的因素，也可以是解释变量本身，本书的门限变量属于后一种情况。

有显著的门限特征。该检验的原假设为 H_0：$\theta_1 = \theta_2$，对应的备择假设为 H_1：$\theta_1 \neq \theta_2$，检验统计量为 $F = \dfrac{S_0 - S(\hat{\tau})}{\hat{\sigma}^2}$，其中，$\hat{\sigma}^2 = \dfrac{1}{T}\hat{e}(\tau)'\hat{e}(\tau) = \dfrac{1}{T}S(\tau)$。

S_0 为在原假设下得到的残差平方和。在原假设 H_0 的条件下，门限值 τ 无法识别，因此 F 统计量的分布是非标准的。本书采用 Hansen（2000）提出的自抽样法（Bootstrap）来获得其渐进分布，继而构造其 P 值。

门限的估计值是否等于其真实值是需要进行的第二个检验。原假设为 H_0：$\hat{\tau} = \tau_0$，由于存在多余参数的影响，Hansen（1996）使用极大似然估计量检验门限值来获得统计量：

$$LR(\tau) = \dfrac{S(\tau) - S(\hat{\tau})}{\hat{\sigma}^2}$$

门限估计时，先假设单一模型中估计出的 $\hat{\tau}_1$ 为已知，再进行 τ_2 的搜索，得到误差平方和最小时对应的 $\hat{\tau}_2$。Bai（1997）的研究表明，$\hat{\tau}_2$ 是渐进有效的，但 $\hat{\tau}_1$ 却不具有此性质，因而可固定 $\hat{\tau}_2$ 对 $\hat{\tau}_1$ 进行重新搜索，从而得到其优化后的一致估计量。多重门限模型可在单一和双重门限模型的基础上进行扩展，这里不赘述。按照上述门限回归模型的构建思路，本书设定汇率波动影响企业出口额[①]的单一门限模型如下：

$$\ln export_{it} = \beta_1 \ln rxh_{it} + \theta_1 sdrxh_{it}(g_{it} \leq \tau) + \theta_2 sdrxh_{it}(g_{it} > \tau) + \beta_3 \ln fgdp_{it} + \beta_4 \ln fc_{it} + \beta_5 \ln tfp_{it} + \beta_6 \ln size_{it} + \varepsilon_{ihdt}$$

(5.4)

从计量的角度来看，汇率波动对企业出口额的影响可能会存在多个门槛。我们在此也给出本书的双重门限模型：

[①] 本书就汇率波动对企业出口市场和出口商品种类数的非线性门限回归模型进行了检验，结果不支持门限值的存在，也对汇率水平变化对企业出口的影响进行了门限检验，结果同样不支持门限水平的存在。因此，本书只给出汇率波动影响企业出口额的门限回归模型及结果。

$$\ln export_{it} = \beta_1 \ln rxh_{it} + \theta_1 sdrxh_{it}(g_{it} \leq \tau_1) + \theta_2 sdrxh_{it}(\tau_1 < g_{it} \leq \tau_2) +$$
$$\theta_3 sdrxh_{it}(g_{it} > \tau_2) + \beta_3 \ln fgdp_{it} + \beta_4 \ln fc_{it} + \beta_5 \ln tfp_{it} + \beta_6 \ln size_{it} + \varepsilon_{ihdt}$$
(5.5)

在模型（5.4）和模型（5.5）中，i 表示企业，t 表示时间，$export$ 表示企业的出口额，rxh 表示企业层面人民币实际有效汇率值，$sdrxh$ 衡量的是汇率波动情况，$fgdp$ 衡量的是国外的需求状况，fc 衡量的是相对劳动力成本，tfp 表示企业全要素生产率，$size$ 表示企业规模，ε_{ihdt} 表示误差项。所选指标均与本章第一部分相同，相关指标的数据来源这里不再赘述。

5.2.2 门限回归模型的检验结果

门限回归模型的检验结果显示：双重门限检验相应的 F 值为 28.70，大于1%显著性水平下的临界值 5.16，P 值为 0.000，即在1%的显著性水平下接受存在两个门限值的检验。因此，我们采用双重门限回归分析人民币汇率波动对企业出口的影响，检验结果见表 5.20。

表 5.20 双重门限回归模型（5.5）的检验结果

变量	Coef	Std. Err	t	$P>\|t\|$
lnrxh	−0.562***	0.025	−22.87	0.000
$sdrxh\_1$	0.183**	0.077	2.36	0.018
$sdrxh\_2$	0.001	0.061	0.021	0.982
$sdrxh\_3$	−0.173***	0.049	−3.54	0.000
ln$fgdp$	0.108***	0.005	21.81	0.000
lnfc	−0.263***	0.008	−32.03	0.000
lntfp	0.061***	0.003	19.60	0.000
ln$size$	0.593***	0.012	48.68	0.000

注：***、**表示在1%、5%的显著性水平下变量显著。

汇率波动对企业出口额的影响中存在两个门限值，分别为 0.6270 和 1.1577。由检验结果可知，在两个门限值划分的三个区间内，汇率波动对企业出口额的影响具有显著的差异性：当汇率波幅小于 0.6270 时，汇率波动影响企业出口额的弹性系数为 0.183，通过5%水平下的显著性检验。笔者认为，在汇率波动幅度较小的情况下，企业能够对汇率波动有所预期，作出当期增加产出及出口来弥补预期利润损失的决策，且在该种情形下，企业可以通过各种形式转移汇率波动风险，因而会出现企业出口有所增加的情况。

当汇率波动幅度介于 0.6270 和 1.1577 之间时，汇率波动影响企业出口额的弹性系数为 0.001，但未通过显著性检验。笔者认为，随着汇率波动风险的增加，企业即使预期到汇率风险将造成未来利润的损失，由于自身已谨慎作出通过增加出口弥补利润损失的决策，同时，波动风险也可能使风险厌恶型的企业倾向于作出减少出口的决策，总体来说，企业出口收益所受冲击仍相对较小。

当汇率波动幅度超过 1.1577 时，汇率波动对企业出口额的弹性系数变为-0.173，且通过 1%水平下的显著性检验。由此可见，汇率波动幅度的增加对企业出口额的负向影响也更为强劲。剧烈的汇率波动会对企业出口收益造成严重的冲击，已有一部分无力承受汇率波幅增加的出口企业退出市场，而在激烈的竞争中生存下来的出口企业也会因不确定性风险的增加而产生更高的交易成本，因而企业会作出更加谨慎的出口决策。

5.2.3 国别数据的再检验

由于微观层面进行门限回归时要求平衡面板数据，因而回归过程中有大量样本信息丢失。为保证研究结论的准确性，笔者进一步以 2000—2009 年中国与 134 个国家或地区的面板数据进行实证检验，作为汇率变动对出口贸易非线性影响的稳健性检验[①]。由于总体层面的数据与企业层面的数据有差异，因而在变量选取方面，较前文有所差异，本部分构建基准的线性回归模型如下：

---

① 该部分的稳健性分析采用国别数据样本，鉴于数据特征的不同，该部分关键指标的构建与前文有所不同。稳健性检验的关键在于验证汇率变动对出口贸易非线性影响的存在性，各解释变量符号的前后一致性在此不是侧重点。

$$\ln EX_{it} = \alpha_0 + \alpha_1 \ln exch_{it} + \alpha_2 V_{it} + \alpha_3 \ln Y_{it} + \alpha_4 \ln \omega_{it} + \varepsilon_{i,t} \quad (5.6)$$

在模型（5.6）中，i 表示贸易伙伴国，t 表示时间，EX 为中国同各国（或地区）海关货物出口总额；$exch_{it}$ 为间接标价法下的汇率水平，计算公式为 $exch_{it} = \frac{e_{kt}}{e_{k0}} \times \frac{P_{CHt}}{P_{kt}}$，式中各变量的含义与 5.1.1 节相同。

$V_{it} = vol_{it} \div \overline{vol_t}$ 为实际有效汇率的波动值，$vol_{it} = (exch_{it} - exch_{it-1}) \div exch_{it-1}$ 为人民币对一国外币实际有效汇率的变动率。为与企业层面的汇率波动指标保持一致，汇率波动指标由 vol_{it} 除以本年度总样本汇率波动的均值 $\overline{vol_t} = \frac{1}{N} \sum_{i=1}^{N} vol_{it}$ 而得。

一国的出口贸易不仅受到贸易伙伴国相关因素的影响，还会受到自身发展水平等因素的影响，因而本书引入本国与贸易伙伴国的相对收入以及相对劳动力成本因素，作为控制影响出口贸易的重要控制变量：Y 表示两国的收入（需求）状况，通过计算中国与各贸易伙伴国的国民生产总值之比得出；ω 为中国与贸易伙伴国的相对劳动力成本；ε_{it} 为残差项。由于汇率波动取值有正负之分，因此基准模型中汇率波动为变量原值，其余均为对数形式。

根据门限回归的思想，本书构建了采用国别层面数据进行回归的单一和双重门限回归模型，即模型（5.7）和模型（5.8）：

$$\ln EX_{it} = \alpha_0 + \alpha_1 \ln exch + \theta_1 V_{it}(g_{it} \leq \tau) + \theta_2 V_{it}(g_{it} > \tau) + \alpha_3 \ln Y_{it} + \alpha_4 \ln \omega_{it} + \varepsilon_{it}$$
$$(5.7)$$

$$\ln EX_{it} = \alpha_0 + \alpha_1 \ln exch + \theta_1 V_{it}(g_{it} \leq \tau_1) + \theta_2 V_{it}(\tau_1 < g_{it} < \tau_2) +$$
$$\theta_3 V_{it}(g_{it} > \tau_3) + \alpha_3 \ln Y_{it} + \alpha_4 \ln \omega_{it} + \varepsilon_{it} \quad (5.8)$$

本书选取 2000—2009 年中国的 134 个贸易伙伴国家（或地区）作为研究样本，样本区间与微观层面的研究保持一致，贸易伙伴国家（或地区）涉及的范围也较为全面。中国与各国的出口贸易数据从历年的《中国统计年鉴》中获得；人民币与各国货币的交叉汇率从 UNCTAD 网站获得；采用经过购买力平价（PPP）平减后的国民生产总值计算中国与各国的相对收入水平，数据从 IMF 网站的 World Economic Outlook 数据库获得；用相对劳动力参与率来衡量中国与贸易伙伴国的相对劳动力成本，数据来自世界银行。

本书采用Stata软件对国别面板数据的门限回归模型进行检验，结果表明，汇率波动对出口额的影响同样存在双重门限特征，-153.881和1.095是检验得出的两个门限值。双重门限检验相应的F值为11.56，大于1%显著性水平下的临界值，P值为0.000，即国别样本数据同样在1%的显著性水平下接受存在两个门限值的检验。表5.21给出了双重门限回归模型（5.8）的具体检验结果。

门限值-153.881和1.095所划分的三个区间内汇率波动对出口额的影响趋势与5.2.2节中相同。当汇率波动幅度小于-153.881时，汇率波动对出口额的影响系数为0.001，且通过显著性检验；当汇率波动幅度在-153.881和1.095之间时，汇率波动的弹性系数变为不显著的0.0003，汇率波动风险与出口贸易之间的正相关性弱化；当汇率波动幅度进一步加剧时，汇率波动的弹性系数变为-0.004，且通过1%水平下的显著性检验。

表5.21 双重门限回归模型（5.8）的回归结果

变量	Coef	Std. Err	t	$P>|t|$
ln$exch$	0.027	0.070	0.39	0.697
V-1	0.001***	0.000	3.93	0.000
V-2	0.0003	0.000	-1.61	0.107
V-3	-0.004***	0.001	-3.60	0.000
ln$Y$	2.585***	0.132	19.60	0.000
lnω	-8.737***	1.081	-8.08	0.000

注：***表示在1%的显著性水平下变量显著。

用间接标价法表示实际有效汇率水平时，汇率值增加表示本币升值。表5.21的结果显示，人民币实际有效汇率水平的系数为正，但未通过显著性检验，这一结果与理论模型部分得出的结论相悖，也和本书5.1及5.2.1部分的结论不尽相同。笔者认为，可能的原因是国别数据样本无法考察企业规模等信息，因而导致估计结果与微观层面的实证分析产生偏差。

根据门限回归的结果，笔者认为，出口厂商的菜单成本等交易成本在小幅度地升值时并没有显著地增加，而且汇率升值的传递有一定的滞后性，因而在较小的本币升值的情况下，企业并不会立即降低出口，甚至会因预期而增加出口。在全球环境中，尤其是在面临发达国家政府施加的各种政治压力时，中国政府允许人民币适度升值。事实上，随洪光（2017）发现，人民币适度升值具有短期的积极作用，但汇率持续升值的改善作用不会增大。

纵览本章所得的回归结果，笔者发现，企业全要素生产率、企业规模、国外需求、相对劳动力成本等控制变量影响的弹性系数的符号和显著性水平大多未发生改变，这也再次说明本书计量模型中选取的控制变量较为合理，所得的实证回归结果较为稳健。

5.3 本章小结

本章采用2000—2009年企业层面数据，从企业出口收益、出口国家数、出口商品种类数三个方面就汇率变动对出口企业行为的影响展开研究，并从企业特征和汇率波动自身两个维度进行异质性检验，实证分析得出的主要结论为：

总体样本研究表明，汇率变化会对出口额和出口商品种类数产生不利影响，却与出口国家数存在正相关关系，即汇率升值将不利于企业出口额和出口商品种类数的增加，但可以促使出口企业通过拓展其出口市场的方式来分散汇率风险。汇率波动意味着风险的增加，总体来看，汇率波动会对企业出口额、出口市场及出口商品种类数产生负向影响，仅在分组回归中出现少有的汇率波动与企业出口国家之间存在正相关关系的情况。

按照出口贸易伙伴国类型、企业类型、贸易类型、所属行业类型以及持续出口时间等企业特征将样本分组后，得出的研究结果显示，汇率变动对异质性企业出口额的影响呈现较大差异，在面临汇率变化时，甚

汇率变动对中国企业出口的影响
The Impact of Exchange Rate Fluctuations on Chinese Enterprises' Exports

至会出现与理论预期截然相反的出口策略。例如：适度升值的情况下，国有企业的出口额会随之增长，其他类型企业的出口额则会下降；对仅从事加工贸易的企业的不利影响要大于对仅从事一般贸易的出口企业的影响；随着出口时间的增加，企业受汇率变动的影响也会不断加深。汇率变动对不同类型出口企业扩展边际的影响不尽相同，汇率水平变化对企业出口市场的影响表现为较一致的正相关性，但不同分组所对应的影响系数的大小存在差异，汇率水平变化对出口商品种类数的影响在不同子样本分组间正负不一。同时，汇率波动的影响系数依样本分组而不同，汇率波动影响的显著性也有所不同。汇率变动对出口企业的最终影响要综合考虑集约边际（企业出口额）及企业扩展边际（出口市场及出口商品种类）两个方面。本章的研究结论为不同出口企业在面对汇率变动时作出是否拓展市场及扩大出口产品范围等决策提供了理论依据。

本章借助门限回归模型探讨汇率波动对企业出口的非线性影响，得出的主要结论如下：首先，微观企业数据样本的门限回归结果表明，汇率波动对企业出口额的影响存在两个门限值。在这两个门限值所划分的三个区间内，汇率波动对企业出口额的影响由开始的正向影响逐渐变为显著的负向影响。当汇率波幅较小时，企业可以通过其他方式对冲汇率波动风险带来的不利影响；但当汇率波幅进一步增大时，由于大部分企业无力应对，汇率波动与出口额之间的正相关关系变得不明显；汇率波幅较大时，会对企业出口产生显著的负向影响。其次，采用2000—2009年134个国家的国别面板数据进行的稳健性检验的结果同样支持双重门限特征。在门限值划分的三个区间内，汇率波动风险对出口贸易的影响方向具有明显的差异，贬值可以促进出口，适度升值则可能对企业出口额产生正向影响，升值幅度较大将会显著冲击出口。微观企业数据和国别数据结果的高度一致性表明，汇率变动与企业出口之间存在非线性关系。因此，企业在拓展出口市场时，既要关注汇率水平变化，也要看汇率波幅的大小；政府也应针对企业在面临汇率变动时呈现的差异性反应给予相应的政策支持，同时应重视对汇率波动幅度的控制。

第6章

汇率变动与企业出口：关键因素分析

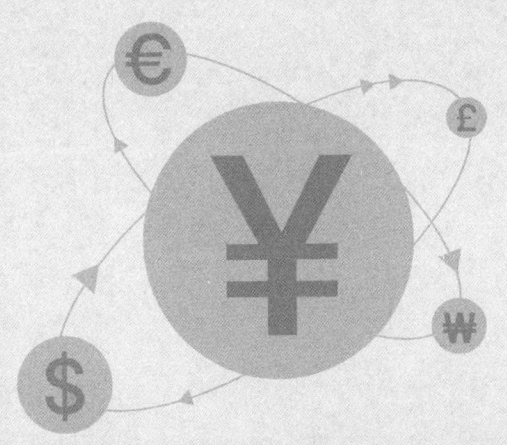

第6章 汇率变动与企业出口：关键因素分析

早期理论模型较为严格的假定条件逐步放松后，汇率与出口贸易之间的关系愈加复杂。随着全球经济一体化的不断推进，汇率变动对出口贸易的最终影响越发受制于多种因素的作用。本章基于开放的经济环境，重点从进口中间品、金融因素等方面就汇率变动对企业出口的影响展开进一步的分析，以期为新经济形势下企业规避汇率变动的冲击提供经验和借鉴。

6.1 汇率变动、进口中间品与企业出口

6.1.1 问题的提出

21世纪以来，中国加入WTO、经济自由化的推进、出口企业生产率的提高等诸多因素促使中国出口贸易高速增长；与此同时，中国的进口贸易也表现出高速增长的态势。其中，中间投入品的进口从2000年的1710亿美元增长至2013年的1.42万亿美元，不断增长的中间品进口与出口总额的增长存在相关性，如图6.1所示。已有诸多研究指出，规模较大的出口商往往会有较多的进口。理论上，对生产过程中使用进口中间品的出口企业来说，在面临汇率变动时，会存在正负相抵的效应。以汇率升值为例，汇率升值意味着以外币表示的出口商品的价格会提高，因而会削弱国内企业的竞争力，不利于出口；如果该企业使用进口中间品，则汇率升值会使进口商品的国内价格降低，从而降低企业生产成本，在一定程度上抵消由于汇率升值而导致的出口商品价格的提高带来的负向影响。那么，对中国的出口企业而言，现实情况又是怎样的？本部分将深入考察汇率变动影响企业出口的过程中进口中间品的作用。

汇率变动对中国企业出口的影响
The Impact of Exchange Rate Fluctuations on Chinese Enterprises' Exports

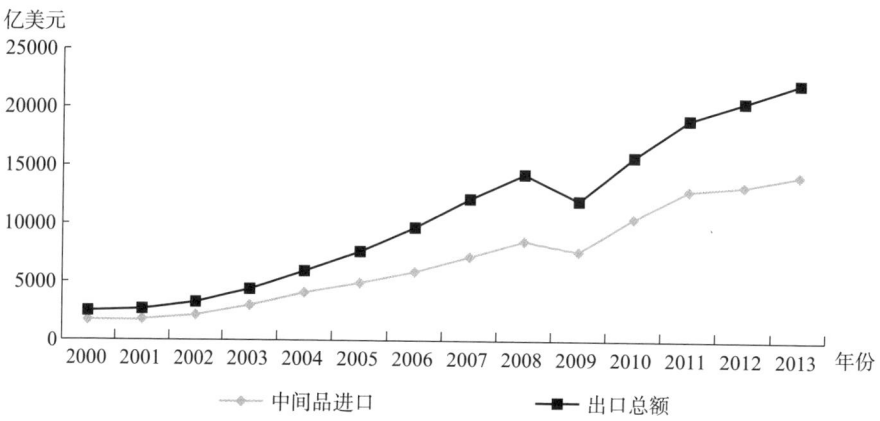

图 6.1 2000—2013 年中间品进口情况

资料来源：根据中国海关进出口数据库相关数据计算而得。

据统计，2000—2009 年平均有 51.6% 的出口企业会进口中间品，尽管出口企业中有中间投入品进口的企业占比有逐年下降的趋势，但仍占出口企业相当一部分的比例。详见表 6.1。

表 6.1 2000—2009 年进口中间品的出口企业样本分析

年份	进口中间品的出口企业数（家）	出口企业总数（家）	进口中间品的出口企业占比（%）
2000	41021	62771	65.35
2001	43520	68487	63.54
2002	48426	78612	61.60
2003	55349	95688	57.84
2004	64186	120590	53.23
2005	72149	144030	50.09
2006	77970	171205	45.54
2007	81108	193567	41.90
2008	73507	191645	38.36
2009	81501	212660	38.32

资料来源：根据中国海关进出口数据库整理。

笔者对第 5 章实证部分所用企业样本内有中间品进口的出口企业和没有中间品进口的出口企业进行了比较。在表 6.2 中，两类企业在企业资产规模、全要素生产率、工业总产值、出口等方面的均值存在显著差距：总体来看，有中间品进口的出口企业的各项指标均值优于没有中间品进口的出口企业，有中间品进口的企业的出口平均值要显著大于没有中间品进口的出口企业，足以看出中间品进口在出口贸易中的重要作用。

表 6.2 两类企业样本的主要特征比较

企业样本	固定资产合计（千元）	工业中间投入品合计（千元）	工业总产值（千元）	全部职工（人）	全要素生产率	总出口（美元）
有中间品进口的出口企业	75388.7	180856.3	240880.4	552.8	1706.3	12300000
无中间品进口的出口企业	25735.6	67925.6	82656.5	273.2	964.3	1929106
出口企业	54887.6	134228.7	175551.8	437.3	1404.1	8035322

资料来源：根据中国海关进出口数据库及中国工业企业数据库相关数据计算而得。

此外，通过对本书实证部分所选用的出口企业样本在 2000—2009 年中间品进口、工业中间品总投入以及中间品进口占比的情况进行分析可知，工业中间品总投入呈现上升趋势，生产规模逐渐提高，与此同时，中间品进口的规模也在不断上升，且中间品进口占中间品总投入的比重在不断提高，平均来看，中间品总投入中约有 21.8% 来自国外进口。

既然企业出口与中间品进口之间存在较强的正向关系，且汇率变动在出口贸易中的重要作用已在第 5 章中进行了初步的分析，那么，汇率变动将如何通过影响企业中间品进口进而影响企业的出口行为呢？企业出口能力的提升是否有赖于进口中间品？本书在对出口企业进口中间品等特征性事实进行描述的基础上，将继续使用中国企业层面的数据实证分析汇率变动影响中国企业出口过程中进口中间品的作用，为理解现阶段中国企业出口提供新的研究视角。

6.1.2 计量模型及基本实证结果

6.1.2.1 计量模型设定

为解决基本的线性模型不能识别进口中间品在汇率变动影响企业出

口行为中的作用这一问题，本书借鉴刘竹青（2013）[①] 的方法，在第 5 章计量模型（5.1）中进一步加入汇率变动与中间品进口的交互项，从而借助交互项模型来考察进口中间品在汇率变动影响企业出口行为中的作用。交互项的系数为正时，表示有中间品进口的企业出口在面临汇率变动时能够实现正向发展。也就是说，如果汇率升值和汇率波动自身的估计系数为负，其与进口中间品的交互项系数为正，则表明进口中间品能够缓解汇率升值和汇率波幅增大时对企业出口的负向影响。

$$\ln export_{it} = \beta_1 \ln rxh_{it} + \beta_2 sdrxh_{it} + \beta_3 \ln fgdp_{it} + \beta_4 \ln fc_{it} + \beta_5 \ln tfp_{it} + \beta_6 \ln size_{it} + \mu_1 \ln rxh_{it} \times \ln imput + \mu_2 sdrxh_{it} \times \ln imput + (F_h + F_d + F_t) + \varepsilon_{ihdt}$$

(6.1)

为考察汇率变动影响企业出口拓展边际的过程中进口中间品的影响，本书在第 5 章计量模型（5.2）中加入了汇率变动与中间品进口的交互项。

$$gjexpnum_{it} = \beta_1 \ln rxh_{it} + \beta_2 sdrxh_{it} + \beta_3 \ln fgdp_{it} + \beta_4 \ln fc_{it} + \beta_5 \ln tfp_{it} + \beta_6 \ln size_{it} + \mu_1 \ln rxh_{it} \times \ln imput + \mu_2 sdrxh_{it} \times \ln imput + (F_h + F_d + F_t) + \varepsilon_{ihdt}$$

(6.2.a)

$$expnum_{it} = \beta_1 \ln rxh_{it} + \beta_2 sdrxh_{it} + \beta_3 \ln fgdp_{it} + \beta_4 \ln fc_{it} + \beta_5 \ln tfp_{it} + \beta_6 \ln size_{it} + \mu_1 \ln rxh_{it} \times \ln imput + \mu_2 sdrxh_{it} \times \ln imput + (F_h + F_d + F_t) + \varepsilon_{ihdt}$$

(6.2.b)

在模型（6.1）和模型（6.2）中，进口中间品 $imput$ 为企业所有进口中间品金额的总和。为获取企业进口中间品的相关信息，本书首先按经济大类分类（Broad Economic Categories，BEC）标准挑选出中间品，BEC 编码对应的"111""121""21""22""31""322""42""53"八大类产品是中间投入品。但由于中国海关进出口数据库中的商品信息以协调制度编码（Harmonized System，HS），因此，本书参照联合国出版物《统计丛刊》将 HS02 与 BEC 分类相对应，进而可以确定企业的

[①] 刘竹青. 地理集聚对中国出口贸易的影响：微观基础与实证检验 [D]. 天津：南开大学经济学院，2013.

中间品进口部分。

相关指标构建及数据说明见本书 5.1.1.2 部分。

6.1.2.2 基本实证结果分析

表 6.3 中的回归结果显示，汇率水平对企业出口额的影响显著为负，弹性系数为 -0.972，汇率波动影响企业出口额的弹性系数为 -0.502，这与第 5 章的估计结果一致，即随着实际有效汇率的升值和汇率波动的增大，企业的出口收益会下降。模型（6.1）的回归结果中，汇率变化与进口中间品的交互项系数为 0.056，汇率波动与进口中间品的交互项系数为 0.016，且均通过 1% 水平下的显著性检验。因此，考虑进口中间品后，汇率变动对企业出口额的净效应①会增加，这说明进口中间品的引入会缓冲汇率水平变化和汇率波动对企业出口额造成的负向作用。

模型（6.2.a）的回归结果显示，汇率水平变化对企业出口国家数的影响与第 5 章总体样本回归的结果一致，即汇率升值能够显著促进企业拓展出口市场，汇率波动影响企业出口国家数的弹性系数的符号与总体样本回归一致，但未通过显著性检验。在汇率变动影响企业出口国家数的过程中，汇率水平变化与进口中间品的交互项系数显著为正，即有中间品进口的出口企业在面临升值时，做出增加商品出口国家数的倾向性会更大。本书对此的解释为：在面临汇率水平变化时，企业选择中间品进口的国家的范围会扩大，从而达到分散汇率风险的目的。模型（6.2.a）的回归结果显示，汇率波动与进口中间品的交互项系数显著为正，这说明进口中间品同样可以在一定程度上减缓汇率波动对企业出口市场扩张的负向作用。

---

① 净效应的计算公式：$\partial \ln exp / \partial \ln rxh = \beta_1 + \mu_1 \ln import$。由于交互项为正，考虑进口中间品后，净效应会比单纯考虑汇率水平时大。

表 6.3 模型 (6.1) 和模型 (6.2) 的实证检验结果

解释变量	模型 (6.1)	模型 (6.2.a)	模型 (6.2.b)
rxh	-0.972***	1.953***	-2.730***
	(-83.04)	(24.18)	(-31.47)
$sdrxh$	-0.502***	-0.069	0.295**
	(-15.11)	(-0.61)	(2.40)
$rxh \times imput$	0.056***	0.042***	0.096***
	(107.90)	(13.55)	(28.50)
$sdrxh \times imput$	0.016***	0.021**	-0.064***
	(9.06)	(2.13)	(-6.09)
$fgdp$	-0.130***	0.595***	0.195***
	(-54.92)	(26.75)	(8.15)
fc	-0.868***	-2.379***	-1.333***
	(-271.20)	(-85.80)	(-44.77)
tfp	0.104***	1.013***	0.850***
	(44.04)	(46.48)	(36.32)
$size$	0.375***	2.579***	1.409***
	(77.81)	(115.00)	(58.45)
C	13.86***	-30.74	-28.70
	(13.07)	(-0.00)	(-0.00)
行业效应	YES	YES	YES
地区效应	YES	YES	YES
时间效应	YES	YES	YES
N	185007	185007	185007
R^2	0.6341	0.2368	0.1747
F	2635.4	675.1	460.6

注：回归系数下括号内为该系数的 t 值，***、**分别表示在1％、5％的显著性水平下变量显著。

模型（6.2.b）的回归结果显示，汇率升值将不利于企业出口商品种类数的增加，但汇率水平和进口中间品的交互项系数显著为正，说明进口中间品可以缓冲汇率升值对企业出口商品种类数的负向影响。在模型（6.2.b）中，汇率波动影响企业出口商品种类数的弹性系数显著为正，而汇率波动和进口中间品的交互项系数却显著为负，这明显不同于模型（6.1）和模型（6.2.a）的回归结果。笔者认为，可能的原因在于：一方面，总体样本回归掩盖了企业的异质性，造成混合不清晰的结论；另一方面，可能是由于进口中间品在汇率波动影响企业出口过程中的作用本身比较模糊。

已有研究表明进口中间投入品的种类越多，内涵在其中的技术溢出会更多（Mendoza，2010），从而可以使企业更好地应对汇率变动的冲击。本章继续以进口中间品种类（*imputn*）替代进口中间品金额（*imput*），纳入进口中间投入品种类数与汇率变动的交互项来进行分析，结果计入表6.4。

表6.4　模型（6.1）和模型（6.2）以进口中间品种类替代进口中间品金额的回归结果

解释变量	模型（6.1）	模型（6.2.a）	模型（6.2.b）
rxh	−0.303***	2.404***	−1.672***
	(−28.26)	(33.39)	(−21.65)
sdrxh	−0.482***	0.236***	−0.300***
	(−15.62)	(6.25)	(−7.41)
rxh×imputn	0.063***	0.249***	0.682***
	(21.63)	(12.85)	(32.75)
sdrxh×imputn	0.097***	−0.378***	−0.555***
	(8.95)	(−5.48)	(−7.50)
fgdp	−0.113***	0.604***	0.206***
	(−43.89)	(27.19)	(8.645)
fc	−0.834***	−2.303***	−1.251***
	(−238.60)	(−84.01)	(−42.54)
tfp	0.134***	1.052***	0.872***
	(52.08)	(48.63)	(37.62)
size	0.503***	2.646***	1.468***
	(96.83)	(120.7)	(62.46)

续表

解释变量	模型（6.1）	模型（6.2.a）	模型（6.2.b）
C	12.80***	-6.379	5.175
	（11.02）	（-0.00）	（0.00）
行业效应	YES	YES	YES
地区效应	YES	YES	YES
时间效应	YES	YES	YES
N	185009	185009	185009
R^2	0.5613	0.2360	0.1764
F	1945.9	672.1	466.0

注：回归系数下括号内为该系数的 t 值，***表示在1%的显著性水平下变量显著。

对比表6.3和表6.4的回归结果可以发现，各解释变量的回归系数和显著性大多没有改变，证明本章结论具有较好的稳健性。需要注意的是，表6.3和表6.4的回归结果均显示进口中间品在缓冲汇率变动对企业出口额影响中的作用更为突出，进口中间品在汇率波动影响企业出口国家数和出口商品种类数过程中所发挥的作用不够稳健。

6.1.3 进一步分析：分组检验

为进一步验证汇率变动影响企业出口的过程中进口中间品这一影响因素的作用，本部分将采用分组检验的方法来考察企业异质性的反应。

6.1.3.1 按贸易类型分组

加工贸易是中国出口贸易中值得强调的一部分。进行加工贸易的企业从国外进口原材料或中间品进行加工，再将最终品销往国外。笔者认为，有必要按照贸易类型进行分组，考察进口中间品在参与不同类型贸易企业的出口中发挥的作用是否相同。沿着上文的分析思路，本部分仍然将企业分为仅参与一般贸易、仅参与加工贸易以及同时参与一般贸易和加工贸易三种类型，具体的检验结果见表6-5。

表6.5 模型（6.1）按贸易类型分组的检验结果

解释变量	一般贸易	非一般贸易	两种类型贸易
rxh	-0.791***	-2.984***	-1.456***
	(-42.56)	(-137.3)	(-118.4)
$sdrxh$	-0.336***	-0.242***	0.092***
	(-15.23)	(-4.99)	(4.45)
$rxh \times imput$	0.036***	0.141***	0.083***
	(43.42)	(160.6)	(167.6)
$sdrxh \times imput$	0.014***	0.011***	-0.016***
	(6.85)	(2.91)	(-9.47)
$fgdp$	-0.109***	-0.101***	-0.013***
	(-17.79)	(-25.48)	(-4.11)
fc	-0.903***	-1.055***	-1.183***
	(-128.3)	(-209.7)	(-234.0)
tfp	0.270***	0.166***	0.275***
	(41.80)	(41.00)	(93.29)
$size$	0.363***	0.350***	0.419***
	(58.48)	(75.81)	(138.4)
C	14.17***	21.98***	17.16
	(9.87)	(23.06)	(0.00)
行业效应	YES	YES	YES
地区效应	YES	YES	YES
时间效应	YES	YES	YES
N	45397	44671	94939
R^2	0.6306	0.8397	0.6841
F	921.0	2957.5	2474.7

注：回归系数下括号内为该系数的 t 值，＊＊＊表示在1%的显著性水平下变量显著。

汇率水平变化对企业出口额的影响均为负。汇率水平变化对仅从事一般贸易的企业的出口额的负向影响最小，对仅从事加工贸易的企业出口额的负向影响最大，对从事两种类型贸易的企业的出口额的负向影响居中。三个子样本下，模型（6.1）汇率水平与进口中间品的交互项系数依次为0.036、0.141、0.083，且均通过1%水平下的显著性检验。

三个子样本中，考虑进口中间品强度后，汇率水平变化对企业出口额的净效应分别为-0.049、-1.038、-0.378（计算公式：$\beta_1+\mu_2\overline{\ln imput}$。其中，$\overline{\ln imput}$为三个子样本对应的进口中间品强度的均值）。由此可见，考虑进口中间品投入后，汇率水平变化对仅从事一般贸易的企业的出口额的负向影响仍然最小，对仅从事加工贸易的企业的出口额的负向影响最大，对从事两种类型贸易的企业的出口额的负向影响居中，但三个子样本下，汇率水平变化影响企业出口额的净效应差距大大缩小，即出口企业在采用进口中间品的情况下会显著抵消汇率水平本身对其出口额的影响。三个子样本下，汇率波动对企业出口额的影响系数分别为-0.336、-0.242、0.092，这与模型（5.1）按贸易类型分组所得的回归结果的分布趋势并不一致：从事两种类型贸易的出口企业分组下汇率波动的弹性系数显著为正，但是从事两种类型贸易的出口企业所对应的汇率波动与进口中间品的交互项系数却为负。笔者认为，进口中间品投入在汇率波动影响该类企业出口额的过程中所发挥的作用比较混沌。考虑汇率波动与进口中间品的投入的交互项后的净效应分别为-0.187、-0.090、-0.116（计算公式：$\beta_2+\mu_2\overline{\ln imput}$），而模型（5.1）按贸易类型分组的回归结果中，三种类型企业对应的汇率波动的弹性系数分别为-0.212、-0.338、-0.204。笔者认为，进口中间品的投入对于仅从事加工贸易的企业而言意义更加重大。

进一步地，以贸易类型分组来考察进口中间品在汇率变动影响企业扩展边际过程中的作用，检验结果记入表6.6。在仅从事一般贸易和从事两类贸易的出口企业样本下，汇率水平变化与企业出口国家数呈现正相关，但在仅从事一般贸易的出口企业样本下，汇率水平与进口中间品的交互项系数为负，说明进口中间品在汇率升值对仅从事一般贸易企业出口国家数的影响中并未发挥积极作用。仅从事加工贸易的企业在面临汇率变动时，会选择减少出口国家数，而进口中间品的投入则会在一定程度上抵消这种负向影响，从而激励企业通过向更多的国家出口来降低汇率升值对其不利影响。考虑汇率水平与进口中间品金额交互项后，三个子样本下汇率水平变化影响企业出口国家数的净效应分别为1.376、

0.466、4.669。可见，考虑进口中间品后，汇率水平对企业出口国家数均存在正向影响，企业在面临汇率升值时，通过扩大出口市场范围的方式来分散风险的动机更大。

表 6.6 模型 (6.2) 按贸易类型分组的检验结果

解释变量	被解释变量：出口国家数			被解释变量：出口商品种类数		
	一般贸易	非一般贸易	两种类型贸易	一般贸易	非一般贸易	两种类型贸易
rxh	1.864***	-1.700***	3.267***	-0.779***	-4.086***	-4.107***
	(16.48)	(-8.57)	(23.13)	(-8.11)	(-24.75)	(-24.13)
$sdrxh$	-0.460***	1.450***	0.849***	-0.526***	1.760***	1.599***
	(-3.43)	(3.28)	(3.57)	(-4.61)	(4.78)	(5.59)
$rxh \times imput$	-0.046***	0.157***	0.108***	0.011***	0.179***	0.172***
	(-9.13)	(19.57)	(19.03)	(2.590)	(26.79)	(25.22)
$sdrxh \times imput$	0.021*	-0.056*	-0.030	0.012	-0.153***	-0.173***
	(1.66)	(-1.66)	(-1.55)	(1.153)	(-5.44)	(-7.47)
$fgdp$	0.563***	0.650***	0.624***	0.048	0.0176	0.272***
	(15.14)	(17.90)	(17.04)	(1.511)	(0.58)	(6.17)
fc	-1.683***	-1.971***	-3.762***	-0.739***	-0.748***	-2.260***
	(-39.27)	(-42.91)	(-64.77)	(-20.29)	(-19.56)	(-32.30)
tfp	0.693***	0.436***	1.210***	0.510***	0.163***	1.094***
	(17.66)	(11.84)	(35.81)	(15.30)	(5.307)	(26.86)
$size$	1.878***	1.748***	3.068***	0.632***	1.029***	1.757***
	(49.66)	(41.47)	(88.22)	(19.68)	(29.33)	(41.93)
C	-13.75	-3.498	-27.75	10.95	9.330	-1.290
	(-1.58)	(-0.40)	(-0.00)	(1.48)	(1.29)	(-0.00)
行业效应	YES	YES	YES	YES	YES	YES
地区效应	YES	YES	YES	YES	YES	YES
时间效应	YES	YES	YES	YES	YES	YES
N	45397	44671	94939	45397	44671	94939
R^2	0.2000	0.2280	0.2778	0.1233	0.2328	0.1734
F	134.8	166.7	439.7	75.90	171.3	239.8

注：回归系数下括号内为该系数的 t 值，***、**、* 分别表示在1%、10%的显著性水平下变量显著。

6.1.3.2 按市场集中度分组

Dhasmana（2013）指出，企业在面临汇率变动时的回应与其所在行业的集中度有关，市场集中度较高的行业内的企业在面临汇率变动时所受的冲击会更大。为考察企业所属行业的市场集中度对企业在面临汇率变动时所造成的差异反应，本部分将依据市场集中度划分总体样本进行分析。

赫芬达尔—赫希曼指数（Herfindahl-Hirschman Index，HHI）是目前较为常用的测算行业集中度的指标。该指标以某一行业中所有市场竞争主体的规模占行业整体规模比重的平方和来衡量，可以反映市场中企业规模分布的离散程度，计算公式如下：

$$\text{HHI} = \sum_{i=1}^{N} \left(\frac{X_i}{X}\right)^2 = \sum_{i=1}^{N} s_i^2$$

其中，X_i 表示某行业中企业 i 的规模（企业总产值、销售产值、就业人数等），X 为行业的总体规模，N 为行业内企业的总数，$\frac{X_i}{X}$ 可以表征企业 i 的市场占有率（市场份额）。由上述计算公式可知，HHI 指标可在（0，1）区间取值，HHI 指标的值越大，说明该行业的市场集中度越强，若某一行业属于完全垄断的行业，则 HHI 指标值为 1。HHI 指标的优点在于纳入了微观企业的影响，比其他衡量市场集中度的指标更加客观。本书采用中国工业企业数据库提供的企业信息[①]计算该指标，X_i 选用企业销售产值，X 则为行业总销售产值。进一步借鉴 Berman 等（2009）的做法，以 HHI 指标的中位数为临界点，将企业分组后进行实证分析，临界点以上的属于市场集中度高（垄断程度高）的企业，临界值以下的属于市场集中度低（竞争程度高）的企业。

从表 6.7 可以看出，在模型（6.1）和模型（6.2）按行业市场集中度划分的两个子样本内，汇率水平与进口中间品交互项的系数均显著

---

① 本书采用中国工业企业数据库和中国海关进出口数据库的匹配样本进行实证分析，但由于在匹配过程中有样本损失，为保证市场集中度这一指标的精确性，仅采用中国工业企业数据库的样本计算各行业的市场集中度。

为正，这说明在汇率升值时进口中间品可以改善汇率水平变化对企业出口的影响。就汇率水平对企业出口额和出口商品种类数的影响而言，高集中度（垄断程度较高）的行业所对应的交互项系数要大于低集中度（竞争程度较高）的行业；考虑进口中间品后，两个子样本下汇率水平影响企业出口额的净效应分别为 -0.274 和 -0.220，两个子样本下汇率水平影响企业出口商品种类的净效应分别为 -2.196 和 -0.828。可见，进口中间品对高市场集中度行业的企业应对汇率水平变化的抵消作用更加明显。从对企业出口国家数的影响来看，高集中度（垄断程度较高）的行业所对应汇率变化和进口中间品的交互项系数要小于低集中度（竞争程度较高）的行业；考虑进口中间品后，两个子样本下汇率水平影响企业出口国家数的净效应分别为 -0.021 和 2.607；尽管进口中间品可以缓冲汇率变化对市场集中度较低行业内企业出口国家数的负向影响，两个行业内企业出口国家数受汇率水平影响仍有明显差距。

表 6.7 模型（6.1）和模型（6.2）按市场集中度分组的检验结果

解释变量	被解释变量：企业出口额		被解释变量：出口国家数		被解释变量：出口商品种类数	
	低集中度	高集中度	低集中度	高集中度	低集中度	高集中度
rxh	-0.971^{***}	-0.991^{***}	-1.220^{***}	2.042^{***}	-3.346^{***}	-2.139^{***}
	(-58.44)	(-55.77)	(-11.71)	(16.24)	(-26.33)	(-18.07)
$sdrxh$	-0.302^{***}	-0.726^{***}	-0.492^{*}	-0.189	-0.237	0.885^{***}
	(-6.47)	(-14.27)	(-1.68)	(-1.03)	(-1.34)	(5.12)
$rxh\times imput$	0.057^{***}	0.060^{***}	0.098^{***}	0.044^{***}	0.094^{***}	0.102^{***}
	(74.51)	(75.13)	(20.47)	(9.126)	(18.86)	(22.46)
$sdrxh\times imput$	0.010^{***}	0.019^{***}	0.013	0.027^{*}	-0.023	-0.108^{***}
	(4.28)	(6.87)	(0.86)	(1.76)	(-1.51)	(-7.48)
$fgdp$	-0.113^{***}	-0.144^{***}	0.125^{***}	0.652^{***}	0.156^{***}	0.164^{***}
	(-32.08)	(-40.92)	(5.69)	(18.85)	(4.43)	(5.04)
fc	-0.901^{***}	-0.845^{***}	-1.055^{***}	-2.482^{***}	-1.485^{***}	-1.190^{***}
	(-171.40)	(-192.20)	(-32.00)	(-60.19)	(-31.60)	(-30.65)
tfp	0.097^{***}	0.110^{***}	0.206^{***}	1.192^{***}	0.741^{***}	0.930^{***}
	(27.39)	(32.96)	(9.29)	(36.47)	(20.72)	(30.24)

续表

解释变量	被解释变量：企业出口额		被解释变量：出口国家数		被解释变量：出口商品种类数	
	低集中度	高集中度	低集中度	高集中度	低集中度	高集中度
size	0.353***	0.381***	1.275***	2.649***	1.484***	1.338***
	(49.15)	(55.86)	(28.28)	(78.08)	(40.78)	(41.90)
C	18.14***	18.06***	−2.340	−23.99	11.07***	−1.701
	(22.68)	(18.83)	(−0.47)	(−0.00)	(2.671)	(−0.00)
行业效应	YES	YES	YES	YES	YES	YES
地区效应	YES	YES	YES	YES	YES	YES
时间效应	YES	YES	YES	YES	YES	YES
N	91787	93220	91787	93220	91787	93220
R^2	0.5761	0.6855	0.1301	0.2319	0.2150	0.1068
F	1264.8	1722.3	139.1	356.0	405.2	141.0

注：回归系数下括号内为该系数的 t 值，***、*分别表示在1%、10%的显著性水平下变量显著。

实证检验结果显示，汇率波动对高集中度行业企业出口国家数的影响并不显著。本书对此的解释为：高市场集中度行业的出口企业竞争对手相对较少，其贸易伙伴国相对稳定，因而垄断程度较高行业的企业受到汇率波动的负向冲击会相对较小。低集中度行业子样本下，仅模型（6.1）中汇率波动与进口中间品投入的交互项系数通过显著性检验，说明进口中间品对于抵消低集中度行业内企业所受汇率波动冲击的作用较不明显。高集中度行业子样本下模型（6.2.b）的回归结果中出现了汇率波动与进口中间品交互项系数为负，但汇率波动自身的系数为正的情况，笔者认为，对垄断程度较高的企业而言，进口中间品在汇率波动影响其产品出口决策中的作用不强。

6.1.3.3 按企业所有制类型分组

改革开放以来，中国政府为发展出口贸易而大力鼓励外国企业来华投资设厂。近年来，随着交易成本的下降，基于产业内分工的全球供应链有了长足的发展。在此背景下，中国的出口贸易有一大特征值得注意：在华外资企业常常选择依靠进口母公司所在国的中间产品进行生产，然后将最终制成品出口至国际市场。也就是说，在华外企尤其是外资出口企业表现出高度的进口依赖的特征。这一特殊的外企特征为本书研究进口中间品在汇率变动影响企业出口过程中的作用提供了思路。按照企业所有制类型①对模型（6.1）和模型（6.2）进行检验的结果如下：

汇率水平对企业出口额和出口商品种类数的影响均为负，汇率水平对企业出口国家数的影响显著为正，且汇率水平对内资企业出口行为的影响要小于外资企业。随洪光（2017）的研究发现，汇率升值能够通过成本传递挤出外资，而外资数量下降意味着较强的出口退出效应，本书的结论可以从侧面得到印证。两个子样本下汇率水平与进口中间品金额的交互项系数均显著为正，进口中间品可以降低汇率升值对企业出口额和出口商品种类数造成的不利影响，也会促使企业扩张出口市场。对外资企业而言，进口中间品抵消汇率水平变化对企业出口的负向影响更多地体现在对企业出口额的影响上。考虑汇率水平与进口中间品金额的交互项后，汇率水平影响企业出口额的净效应（计算公式：$\beta_1 + \mu_1 \overline{\ln imput}$。其中，$\overline{\ln imput}$为两个子样本下进口中间品强度的均值）分别为-0.209和-0.644，汇率水平影响企业出口国家数的净效应分别为2.311和2.359，汇率水平影响企业出口商品种类数的净效应应分别为-0.123和-2.415；考虑进口中间品后，内资企业和外资企业在面临汇率变化时企业出口额所受的影响差异有所减少，说明进口中间品在外资企业应对汇率变动的过程中所发挥的作用很大，但总体来看，外资企业出口行为受汇率升值的负向影响仍要大于内资企业。

---

① 本部分重在考察外资特征背景下进口中间品在汇率变动影响企业出口过程中的作用，因而按照是否为外资企业对总样本进行分组，因此与本书第5章细分的企业类型分组并不相同。

表 6.8 的回归结果显示：研究对象为企业出口收益时，内资企业子样本对应的汇率波动与进口中间投入品的交互项系数为正，说明进口中间品能缓冲汇率不确定性对内资企业出口收益的不利影响；研究对象为企业出口国家数和企业出口商品种类数时，汇率波动与进口中间投入品的交互项系数出现负数，说明有进口中间品的内资企业在面临汇率波动时扩张企业出口市场的动机会减弱，而汇率波动本身对企业出口国数和出口商品种类数的影响呈正相关。上文的回归结果中同样有该种情况的存在。这进一步表明，进口中间品在汇率波动影响企业出口扩展边际过程中的作用较模糊。

表 6.8 模型（6.1）和模型（6.2）按企业类型分组的检验结果

解释变量	被解释变量：企业出口额		被解释变量：出口国家数		被解释变量：出口商品种类数	
	内资企业	外资企业	内资企业	外资企业	内资企业	外资企业
rxh	-0.836***	-1.719***	1.316***	1.660***	-1.522***	-3.697***
	(-43.82)	(-157.3)	(7.82)	(17.29)	(-7.22)	(-38.70)
$sdrxh$	-0.210***	-0.038**	-0.278	0.592***	0.238	0.623***
	(-9.28)	(-2.15)	(-1.40)	(3.82)	(0.95)	(4.04)
$rxh \times imput$	0.056***	0.083***	0.089***	0.054***	0.125***	0.099***
	(69.18)	(196.8)	(12.51)	(14.72)	(13.95)	(26.97)
$sdrxh \times imput$	0.005***	-0.009***	-0.011	-0.012	-0.071***	-0.085***
	(2.654)	(-6.060)	(-0.620)	(-0.945)	(-3.122)	(-6.658)
$fgdp$	-0.041***	-0.080***	0.720***	0.563***	0.251***	0.147***
	(-6.15)	(-30.03)	(12.38)	(24.00)	(3.45)	(6.26)
fc	-1.133***	-1.073***	-3.266***	-2.205***	-1.773***	-1.211***
	(-128.8)	(-326.2)	(-42.12)	(-76.29)	(-18.24)	(-42.11)
tfp	0.253***	0.264***	1.035***	0.957***	0.904***	0.804***
	(36.60)	(102.4)	(16.98)	(42.22)	(11.83)	(35.64)
$size$	0.378***	0.484***	2.507***	2.610***	1.078***	1.453***
	(58.76)	(167.8)	(44.22)	(102.9)	(15.16)	(57.60)

续表

解释变量	被解释变量：企业出口额		被解释变量：出口国家数		被解释变量：出口商品种类数	
	内资企业	外资企业	内资企业	外资企业	内资企业	外资企业
C	14.18***	17.82	−24.10***	−58.86	−12.41	36.59
	(18.39)	(0.00)	(−3.55)	(−0.00)	(−1.46)	(0.00)
行业效应	YES	YES	YES	YES	YES	YES
地区效应	YES	YES	YES	YES	YES	YES
时间效应	YES	YES	YES	YES	YES	YES
N	37206	147801	37206	147801	37206	147801
R^2	0.5908	0.7595	0.2258	0.2419	0.09837	0.2275
F	653.7	5619.6	132.0	568.0	49.39	524.1

注：回归系数下括号内是该系数的 t 值，***、**分别表示在1%、5%的显著性水平下变量显著。

6.2 汇率变动、融资环境与企业出口

从本书第2章对已有文献的梳理中可知，汇率变动对出口企业的影响存在显著差异。近年来，结合异质性贸易理论对融资环境对企业出口行为影响的研究较多，但有关融资环境对出口企业面临汇率变动时的承受能力的影响的实证研究还相对较少。随着中国经济环境的日益开放，出口企业的融资环境也在不断改善。那么，融资环境对企业应对汇率变动的意义何在？本部分将继续关注开放背景下的这一关键因素（融资环境）在汇率变动影响企业出口中的作用，以期为出口企业应对汇率风险提供切实的指导。

6.2.1 问题的提出

通常企业会为保证其内部各环节的资金供求平衡而进行融资，而资金对一家企业的经营和发展具有重要作用，它能为企业持续的经济活动注入活力。总体来说，融资包括内源融资和外源融资两种方式。内源融资是企业自有资金和在生产经营过程中积累的资金。如果企业的内源融

资难以应付其运营成本（如广告、固定资产投资、市场营销、研发等），就需要通过外源融资的方式，吸收其他经济主体的储蓄，为企业自身筹得资金。出口企业在固定成本（如生产网络构建与维护、潜在市场调查等）及可变成本（如运费、保险、关税等）等方面的支出通常会大于内销企业，同时，出口贸易所得往往也需要更长的时间兑付，因此，融资环境对出口企业而言尤为重要。通过银行或其他金融机构进行融资、由贸易伙伴提供商业信用等都是出口企业常用的融资形式。

入世以来，中国改革开放的程度不断加深，国际贸易总量的不断增加带动着中国国际经济地位的提升。从长远来看，随着中国经济总量的扩大及外部经济环境的不断变化，融资环境对出口企业的意义将更加突出，在汇率变动幅度不断增大及不确定性趋势增强的情况下，分析融资环境在汇率变动影响企业出口中的作用具有重要的现实意义。2014 年 6 月国务院出台的《关于支持外贸稳定增长的若干意见》中提出要继续完善人民币汇率市场化形成机制、拓宽企业融资渠道等 11 条措施，足可见中国经济尤其是外贸发展过程中汇率及融资的重要性。

综上所述，本部分将重点考察汇率变动影响企业出口过程中融资环境所发挥的作用，以期为出口企业应对汇率风险提供切实的指导。从本书第 2 章文献综述部分可以看出，目前有关金融因素在汇率变动影响企业出口过程中的作用的研究还较少，且实证研究多关注发达国家，而发展中国家所面临的汇率变动要显著强于发达国家，汇率变动对发展中国家造成的不利影响也更大。因此，研究发展中国家汇率变动影响企业出口过程中金融因素的作用的现实意义更加深远。本书的研究主体为中国的出口企业，样本时间跨度为 2000—2009 年。本部分研究的必要性体现在以下两方面：一是作为新兴经济体，中国高速的经济增长与汇率波动等不确定性因素并存，如何更好地应对不确定性、求得经济持续发展成为摆在人们面前的一个重要课题；二是与不断加深的改革开放程度相比，中国金融系统的发展还相对不足，如企业普遍面临融资约束现象，因此研究融资环境在企业应对汇率变动中的作用具有政策指导意义。

6.2.2 模型构建及实证结果分析

为了更加全面地反映金融因素在汇率变动影响企业出口过程中的作用，本部分将同时构建融资约束、金融发展指标来进行实证分析，同时考虑企业上市行为的影响。

6.2.2.1 计量模型构建及指标说明

本节将沿袭分析进口中间品在汇率变动影响企业出口中的作用时的计量模型的构建思路，通过加入融资环境与汇率变动的交互项来进行分析，基本的计量回归模型如下：

$$\ln export_{it} = \beta_1 \ln rxh_{it} + \beta_2 sdrxh_{it} + \beta_3 \ln fgdp_{it} + \beta_4 \ln fc_{it} + \beta_5 \ln tfp_{it} + \beta_6 \ln size_{it} + \mu_1 \ln rxh_{it} \times \ln finance + \mu_2 sdrxh_{it} \times \ln finance + (F_h + F_d + F_t) + \varepsilon_{ihdt}$$

(6.3)

本书在第 5 章计量模型（5.2）中纳入汇率变动与融资环境的交互项，以此来考察汇率变动影响企业出口拓展边际的过程中融资环境的影响。

$$gjexpnum_{it} = \beta_1 \ln rxh_{it} + \beta_2 sdrxh_{it} + \beta_3 \ln fgdp_{it} + \beta_4 \ln fc_{it} + \beta_5 \ln tfp_{it} + \beta_6 \ln size_{it} + \mu_1 \ln rxh_{it} \times \ln finance + \mu_2 sdrxh_{it} \times \ln finance + (F_h + F_d + F_t) + \varepsilon_{ihdt}$$

(6.4.a)

$$expnum_{it} = \beta_1 \ln rxh_{it} + \beta_2 sdrxh_{it} + \beta_3 \ln fgdp_{it} + \beta_4 \ln fc_{it} + \beta_5 \ln tfp_{it} + \beta_6 \ln size_{it} + \mu_1 \ln rxh_{it} \times \ln finance + \mu_2 sdrxh_{it} \times \ln finance + (F_h + F_d + F_t) + \varepsilon_{ihdt}$$

(6.4.b)

在模型（6.3）和模型（6.4）中，若汇率变动与融资环境的交互项系数为正，则表示汇率升值和汇率波幅增大时融资环境较好的企业的出口能够获得正向发展，也就是说，融资环境可以缓解汇率升值和汇率波幅增大时的负向作用。如果汇率升值和汇率波动自身的估计系数为负，而其与融资环境的交互项系数为正，则表明好的融资环境能够缓解汇率升值和汇率波幅增大时对企业出口的负向影响。

在模型（6.3）和模型（6.4）中，$finance$ 代表企业的融资环境。为保证分析的全面性及稳健性，本书拟建立多个指标来表征企业的融资环境：首先，借鉴孙灵燕和李荣林（2011）的做法，构建企业的融资水平变量，采用现金流（等于销售收入[①]减去中间品投入成本，再扣除税金）来衡量企业内源融资水平变量；而外源融资水平变量则是用企业的总负债除以总资产来衡量，该变量的值越大，表示企业面临的融资约束越低，也就是说，企业的融资能力较强。另外，本书引入地区金融发展水平变量，并将其视为与内外源融资水平变量相平行的融资环境指标。具体地，本书采用樊纲、王小鲁和朱恒鹏（2010）所著《中国市场化指数——各地区市场化相对进程2009年报告》一书中各地区的金融市场化指数来表示地区的金融发展水平，金融市场化指数越大，表示该地区的金融发展水平越高（刘廷华等，2018）。在模型（6.3）和模型（6.4）中，除融资环境外的其他变量同模型（6.1）和模型（6.2），这里不再赘述。

6.2.2.2 基本的实证结果分析

表6.9的回归结果显示：内源融资、外源融资及地区金融发展水平所表示的企业融资环境变量与汇率水平交互项的系数均显著为正，而且均通过1%水平下的显著性检验，说明企业融资能力越强，就越能抵消汇率升值时对企业出口额产生的负向影响。模型（6.3）的检验结果显示：汇率波动与内源融资能力、地区金融发展水平的交互项系数显著为正，但是汇率波动与外源融资的交互项系数未通过显著性检验。总体而言，企业融资环境的优劣对于抵消汇率变动对企业出口额的不利影响的作用还是较为明显的，本书的实证结果验证了良好的融资环境在企业应对汇率变动过程中发挥着重要的作用。

[①] 由于2009年中国工业企业数据库中销售收入指标缺失，本书采用企业的工业销售产值替代。

表6.10给出的是汇率变动影响企业出口扩展边际过程中融资环境的作用，前三列为汇率变动影响企业出口国家数的检验结果，后三列为汇率变动影响企业出口商品种类数的检验结果。

从企业出口国家数的角度来看，汇率水平与融资环境（包括内外源融资、地区金融发展水平）的交互项系数均显著为正，通过1%水平下的显著性检验，这说明汇率升值时融资能力越高、所处地区金融发展水平越高的企业通过扩张出口市场范围的方式来分散风险的动机也越大。在模型（6.4.a）中，汇率波动与融资环境的交互项系数均为正，但外源融资与汇率波动的交互项系数没有通过显著性检验。总体来说，融资环境越好的出口企业在面临较大的汇率波动时扩张出口市场的动机会越明显，从而借助融资支持来缓冲汇率波动对其市场扩展的不利冲击。

表6.9 模型（6.3）的实证检验结果

解释变量	解释变量：企业出口额		
	内源融资	外源融资	地区金融发展水平
rxh	-0.420***	-0.184***	-0.518***
	(-28.03)	(-21.69)	(-27.92)
$sdrxh$	-0.388***	-0.393***	-0.485***
	(-12.73)	(-16.17)	(-21.21)
$rxh \times finance$	0.024***	0.031***	0.035***
	(21.12)	(8.04)	(4.73)
$sdrxh \times finance$	0.005*	0.005	0.085***
	(1.68)	(0.44)	(8.35)
$fgdp$	0.021***	0.007***	0.083***
	(7.66)	(2.94)	(32.87)
fc	-0.833***	-0.830***	-0.907***
	(-191.50)	(-220.50)	(-252.10)
tfp	0.058***	0.136***	0.367***
	(12.24)	(50.96)	(133.50)

续表

解释变量	解释变量：企业出口额		
	内源融资	外源融资	地区金融发展水平
size	0.466***	0.518***	0.595***
	(75.64)	(100.5)	(215.5)
C	13.51***	11.56***	10.49
	(15.32)	(16.18)	(0.00)
行业效应	YES	YES	YES
地区效应	YES	YES	YES
时间效应	YES	YES	YES
N	227937	292222	292202
R^2	0.3519	0.3346	0.4257
F	962.8	1222.5	2489.2

注：回归系数下括号内是该系数的 t 值，***、*分别表示在1%、10%的显著性水平下变量显著。

表6.10 模型（6.4）的实证检验结果

解释变量	被解释变量：出口国家数			被解释变量：出口商品种类数		
	内源融资	外源融资	地区金融发展水平	内源融资	外源融资	地区金融发展水平
rxh	-0.039***	0.020***	-0.050***	-0.101***	-0.025***	-0.404***
	(-4.60)	(4.14)	(-5.81)	(-12.13)	(-5.28)	(-52.72)
sdrxh	-0.099***	-0.101***	-0.115***	-0.0003	-0.034**	-0.005
	(-5.80)	(-7.47)	(-7.94)	(-0.02)	(-2.55)	(-0.41)
rxh× finance	0.006***	0.012***	0.089***	0.007***	0.005**	0.085***
	(9.79)	(5.79)	(29.89)	(11.83)	(2.25)	(31.83)
sdrxh× finance	0.004**	0.002	0.068***	-0.002	0.014*	-0.029***
	(2.35)	(0.33)	(10.49)	(-1.57)	(1.86)	(-4.90)
fgdp	0.041***	0.041***	0.125***	0.008***	0.010***	0.054***
	(26.97)	(32.65)	(77.87)	(4.96)	(7.75)	(37.58)
fc	-0.184***	-0.181***	-0.355***	-0.112***	-0.114***	-0.181***
	(-75.26)	(-86.65)	(-155.40)	(-46.15)	(-54.95)	(-87.83)

续表

解释变量	被解释变量：出口国家数			被解释变量：出口商品种类数		
	内源融资	外源融资	地区金融发展水平	内源融资	外源融资	地区金融发展水平
tfp	0.015***	0.038***	0.096***	0.010***	0.031***	0.085***
	(5.766)	(25.37)	(54.89)	(3.701)	(21.20)	(53.79)
$size$	0.171***	0.190***	0.236***	0.150***	0.164***	0.152***
	(49.41)	(66.36)	(136.1)	(43.73)	(57.90)	(97.35)
C	1.097**	0.573	−0.571	0.727	0.219	1.989
	(2.39)	(1.44)	(−0.00)	(1.48)	(0.56)	(0.00)
行业效应	YES	YES	YES	YES	YES	YES
地区效应	YES	YES	YES	YES	YES	YES
时间效应	YES	YES	YES	YES	YES	YES
N	227937	292222	292202	227937	292222	292202
R^2	0.1328	0.1324	0.2137	0.0885	0.0823	0.2114
F	431.6	371.1	1417.6	172.1	217.9	1398.6

注：回归系数下括号内是该系数的 t 值，***、**、*分别表示在1%、5%和10%的显著性水平下变量显著。

从汇率变动影响企业出口商品种类数的角度来看，汇率水平与融资环境的交互项系数显著为正，并通过了1%或5%水平下的显著性检验。本章的检验结果表明，汇率水平对企业出口商品种类数的不利影响能够借助良好的融资环境进行抵消。模型（6.4.b）的实证检验结果显示，仅有汇率波动与外源融资水平的交互项系数显著为正。由此可见，外部融资水平对缓冲汇率波动对企业出口商品种类的不利影响的意义重大。笔者认为，企业出口商品的范围可能更多地取决于汇率之外的影响因素，如企业规模、全要素生产率等，因此在模型（5.1）和模型（5.2）中加入汇率波动与融资环境的交互项反而会影响汇率波动的估计结果。综合表6.9和表6.10的结果，笔者发现，相对内源融资和地区金融发展水平而言，外源融资在汇率波动影响企业出口商品种类数中的作用明显，而内源融资和地区金融发展水平在汇率波动影响企业出口额和出口国家数中的作用比较明显。①

6.2.2.3 分组检验结果

本部分将按照企业所有制类型、地区金融发展水平将总样本分组，更进一步地观察融资环境在汇率变动影响企业出口过程中的作用。

（1）按企业所有制分组的估计结果。

由于中国金融市场的发展和政策导向等方面的原因，不同所有制类型企业能够得到的融资支持以及信贷配给会有差异。余明桂和潘红波（2010）指出，内、外资企业的融资来源与投资机制存在差异。笔者认为，这或将使得各种类型企业在应对汇率变动的过程中，自身融资环境所发挥的作用也有差异。因此，本部分首先将总样本按照企业所有制类型分为国有企业、集体企业、私营企业和外资企业四个子样本来进行分组检验，子样本相应的实证检验结果见表 6.11 和表 6.12。②

各类型企业内、外源融资能力对于应对汇率变动影响出口额过程中所发挥的作用存在差异：各类型企业的内源融资均可以显著地缓解汇率水平变化对企业出口额的不利影响，企业间差异仅表现在内源融资与汇率变化的交互项系数的大小上。表 6.11 的结果显示，内源融资在汇率波动影响企业出口额中的作用有正负差异，国有企业、集体企业子样本下汇率波动自身的影响为正，汇率波动与企业内源融资的交互项的系数显著为负。本书对此的解释为：一方面，可能是国有企业、集体企业的内源融资的作用主要体现在应对汇率水平变化上；另一方面，国有企业、集体企业内源融资确实不能很好地对冲汇率波动的负向影响。私营企业、外资企业子样本下汇率波动与内源融资的交互项的系数显著为正，说明私营企业和外资企业的自有资金越多，越能更好地应对汇率波动对企业出口额的影响。

---

① 体现在交互项系数的大小、正负、是否显著等方面。
② 本部分仅给出汇率变动及其与融资环境交互项系数的检验结果，详细的回归结果见附表 12 和附表 13。

表 6.11 模型（6.3）按企业类型分组检验结果

解释变量	被解释变量：出口额 融资环境指标：内源融资			
	国有企业	集体企业	私营企业	外资企业
rxh	-0.465***	-0.324***	-0.152***	-0.499***
	(-5.63)	(-4.87)	(-3.56)	(-28.32)
$sdrxh$	0.660***	0.219*	0.119	-0.128***
	(3.94)	(1.90)	(1.56)	(-3.44)
$rxh \times finance$	0.053***	0.019***	0.011***	0.021***
	(8.57)	(3.55)	(3.02)	(16.90)
$sdrxh \times finance$	-0.074***	-0.018	0.021***	0.015***
	(-4.93)	(-1.50)	(2.63)	(4.02)
解释变量	被解释变量：出口额 融资环境指标：外源融资			
	国有企业	集体企业	私营企业	外资企业
rxh	0.066	-0.079**	-0.117***	-0.268***
	(1.62)	(-2.33)	(-7.86)	(-25.40)
$sdrxh$	-0.279***	-0.381***	-0.232***	-0.159***
	(-8.60)	(-12.07)	(-17.40)	(-5.335)
$rxh \times finance$	0.047**	0.052***	0.096***	0.019***
	(2.15)	(2.81)	(10.80)	(4.61)
$sdrxh \times finance$	-0.062	0.235***	0.073***	0.026
	(-1.08)	(4.59)	(3.33)	(1.53)

注：回归系数下括号内是该系数的 t 值，***、**、*分别表示在1%、5%和10%的显著性水平下变量显著。

模型（6.3）中加入企业外源融资与汇率变动交互项的检验结果显示，国有企业子样本下汇率水平自身对企业出口额的影响呈不显著的正相关，各类型企业的汇率水平与外源融资交互项系数均显著为正，且私营企业、集体企业以及国有企业子样本下汇率变化与外源融资的交互项的估计系数大于外资企业子样本下汇率变化与外源融资的交互项的估计系数，足以体现外源融资在内资企业应对汇率变化中的重要性。国有企业子样本下汇率波动与外源融资交互项的系数为负，但未通过显著性检验；外资企业汇率波动与外源融资交互项的系数为正，也未通过显著性检验；集体企业和私营企业子样本下汇率波动与外源融资交互项的系数显著为正，这表明外源融资在集体企业和私营企业中能够更好地缓冲汇率波动对企业出口额产生的负向冲击。表 6.11 中汇率水平与外源融资的交互项系数按照私营企业、集体企业、国有企业、外资企业的顺序递减，汇率波动与外源融资的交互项系数按照集体、私营、外资、国有企业的顺序递减。笔者认为，对各种类型的企业而言，汇率变动影响企业出口额过程中外源融资从不同层面起到作用，短期来看，面临汇率水平变化时，外源融资对私营企业的作用最大，但在应对汇率波动时，外源融资对集体企业的作用会相对更大。

表 6.12 给出了按企业类型分组的融资环境在汇率变动影响企业出口国家数和出口商品种类数过程中的作用的检验结果。表 6.12 中仅列出了核心变量的估计结果，详细情况见附表 14 至附表 17。

从模型（6.4.a）的分组检验结果可知，汇率水平变化与内源融资交互项的估计系数显著为正，国有企业和集体企业子样本下汇率水平与内源融资交互项的估计系数要显著大于外资企业。考虑内源融资后，四个子样本下汇率水平对企业出口国家数的净影响效应分别为 0.233、0.153、0.015 和 0.022。与汇率水平自身的估计系数相结合，本章的回归结果体现了内源融资对国有企业和集体企业的重要性，表明企业在自有资金充足的情况下有较大的开拓国际市场的动机，从而在汇率水平变化对企业出口国家数的影响过程中能够发挥积极作用。在模型（6.4.a）的估计结果中，除国有企业外，外源融资与汇率水平的交互项系数均显著为正，说明在汇率升值时外源融资能够促使集体企业、私营企业和外资企业通过扩大出口市场的方式来分散升值风险。笔者认为，国有企业外源融资和汇率水平交互项系数为负可能是由于国有企业的市场扩张更多地受惠于政策支持等方面的因素，融资的作用并不明显。

表6.12 模型（6.4）按企业类型分组检验结果

解释变量	被解释变量：出口国家数　融资环境指标：内源融资			
	国有企业	集体企业	私营企业	外资企业
rxh	-0.150***	-0.044	-0.022	-0.025**
	(-3.82)	(-1.19)	(-0.97)	(-2.35)
$sdrxh$	0.309***	0.057	0.097**	-0.058**
	(5.874)	(1.214)	(2.40)	(-2.54)
$rxh \times finance$	0.037***	0.021***	0.004*	0.005***
	(12.66)	(6.64)	(2.00)	(6.77)
$sdrxh \times finance$	-0.040***	-0.012**	0.006	0.004
	(-7.92)	(-2.32)	(1.38)	(1.58)
解释变量	被解释变量：出口商品种类数　融资环境指标：内源融资			
	国有企业	集体企业	私营企业	外资企业
rxh	-0.333***	-0.287***	-0.064***	-0.128***
	(-8.86)	(-8.35)	(-3.05)	(-11.76)
$sdrxh$	0.166***	0.074*	0.050	0.076***
	(3.30)	(1.70)	(1.32)	(3.31)
$rxh \times finance$	0.040***	0.021***	0.006***	0.008***
	(14.06)	(7.365)	(3.491)	(10.22)
$sdrxh \times finance$	-0.023***	-0.014***	-0.001	-0.006**
	(-4.82)	(-2.91)	(-0.22)	(-2.49)
解释变量	被解释变量：出口国家数　融资环境指标：外源融资			
	国有企业	集体企业	私营企业	外资企业
rxh	0.271***	0.165***	0.077***	0.181***
	(12.23)	(8.15)	(8.36)	(26.16)
$sdrxh$	-0.066***	-0.073***	-0.0144*	0.062***
	(-3.76)	(-3.867)	(-1.76)	(10.36)
$rxh \times finance$	-0.003	0.039***	0.032***	0.045***
	(-0.26)	(3.57)	(5.96)	(17.61)
$sdrxh \times finance$	-0.045	0.036	0.014	0.007
	(-1.46)	(1.19)	(1.06)	(0.67)

续表

解释变量	被解释变量：出口商品种类数　融资环境指标：外源融资			
	国有企业	集体企业	私营企业	外资企业
rxh	0.088***	-0.070***	-0.150***	-0.287***
	(4.079)	(-3.691)	(-18.35)	(-45.10)
$sdrxh$	-0.069***	-0.064***	-0.044***	-0.077***
	(-4.02)	(-3.64)	(-5.95)	(-14.06)
$rxh \times finance$	-0.004	0.018*	0.037***	0.014***
	(-0.31)	(1.77)	(7.42)	(5.73)
$sdrxh \times finance$	-0.020	0.007	0.010	0.017*
	(-0.65)	(0.229)	(0.78)	(1.77)

注：回归系数下括号内是该系数的 t 值，***、**、*分别表示1%、5%和10%的显著性水平下变量显著。

模型（6.4.a）的估计结果显示，国有企业、集体企业子样本下汇率波动与内源融资的交互项系数显著为负，汇率波动自身的估计系数却为正。笔者认为，这可能是由于内源融资在企业应对汇率变化中发挥的作用较大所致，但也无法排除汇率波动自身系数为正是由内源融资的作用所致的可能性。相较而言，私营企业和外资企业子样本汇率波动与内源融资的交互项系数的估计结果较符合理论预期，但并未通过显著性检验。外源融资与汇率波动的交互项系数均未通过显著性检验。总体来说，外源融资在汇率波动对各类型企业出口市场的影响中所发挥的作用不大。

由影响企业出口商品种类数的分组检验结果可知，汇率水平与内源融资交互项系数均显著为正，按照国有企业、集体企业、外资企业、私营企业的顺序递减。国有企业和集体企业汇率波动与内源融资的交互项系数显著为负，这很难解释融资环境在汇率波动影响企业出口商品种类数中的作用。除国有企业外，其余类型企业子样本下汇率变化与外源融资的交互项系数均显著为正，且集体企业和私营企业子样本下汇率变化与外源融资交互项的估计系数要大于外资企业。本书对此的解释为：外资企业的产品多元化可能更多地受外资的技术溢出影响，外源融资的作用相对较小。

另外,汇率波动与外源融资交互项系数仅在外资企业子样本下通过10%水平下的显著性检验。可见,外源融资在汇率波动影响企业出口商品种类数的过程中所发挥的作用并不明显。

(2)按地区金融发展水平的分组检验结果。

为进一步考察不同金融发展水平下融资环境对企业应对汇率变动的作用,本部分按照年度地区金融发展水平的中位数划分总体样本,低于中位数的属于金融发展水平较低的地区,高于中位数的则是金融发展水平较高的地区,分组后模型(6.3)和模型(6.4)的检验结果见表6.13①。

表6.13 模型(6.3)和模型(6.4)按地区金融发展水平分组检验结果

解释变量	被解释变量:出口额 融资指标:内源融资		被解释变量:出口额 融资指标:外源融资	
	低水平	高水平	低水平	高水平
rxh	-0.393***	-0.436***	-0.496***	-0.221***
	(-19.14)	(-16.76)	(-50.11)	(-14.90)
$sdrxh$	-0.434***	-0.230***	-0.366***	-0.254***
	(-10.23)	(-4.33)	(-44.12)	(-6.03)
$rxh \times finance$	0.023***	0.023***	-0.010**	0.048***
	(15.01)	(11.09)	(-2.34)	(6.76)
$sdrxh \times finance$	0.003	0.014***	0.056***	0.011
	(0.952)	(2.645)	(3.875)	(0.430)
解释变量	被解释变量:出口国家数 融资指标:内源融资		被解释变量:出口国家数 融资指标:外源融资	
	低水平	高水平	低水平	高水平
rxh	-0.044***	-0.030**	0.062***	0.195***
	(-3.92)	(-2.01)	(10.28)	(25.77)

---

① 表中仅列出汇率变动相关指标的估计系数,详细检验结果见附表18至附表20。

续表

解释变量	被解释变量：出口国家数 融资指标：内源融资		被解释变量：出口国家数 融资指标：外源融资	
	低水平	高水平	低水平	高水平
$sdrxh$	-0.051**	-0.138***	0.023***	0.015**
	(-2.18)	(-4.55)	(4.58)	(2.24)
$rxh \times finance$	0.006***	0.006***	0.037***	0.056***
	(7.68)	(4.91)	(14.42)	(16.79)
$sdrxh \times finance$	0.003	0.007**	-0.004	0.001
	(1.26)	(2.39)	(-0.46)	(0.08)

解释变量	被解释变量：出口商品种类数 融资指标：内源融资		被解释变量：出口商品种类数 融资指标：外源融资	
	低水平	高水平	低水平	高水平
rxh	-0.402***	-0.399***	-0.192***	-0.208***
	(-37.52)	(-30.67)	(-35.15)	(-29.94)
$sdrxh$	0.086***	0.093***	-0.066***	-0.083***
	(6.07)	(5.297)	(-14.40)	(-13.15)
$rxh \times finance$	0.020***	0.019***	0.010***	0.007**
	(21.78)	(16.78)	(4.26)	(2.17)
$sdrxh \times finance$	-0.016***	-0.018***	-0.001	0.028***
	(-11.20)	(-9.69)	(-0.15)	(2.78)

注：回归系数下括号内是该系数的 t 值，***、**分别表示在1%、5%的显著性水平下变量显著。

从影响企业出口额的角度来看，金融发展水平较高地区子样本下的汇率变化与外源融资的交互项的估计系数要大于金融发展水平较低地区子样本下汇率变化与外源融资的交互项的估计系数，说明金融发展水平较高地区的出口企业对汇率变动更敏感。本书对此的解释为：处于金融发展水平较高地区企业有更多获取外部资金的机会，从而可以缓解企业面临的融资约束，进而在面临汇率变化时有效抵消其对企业出口收益的不利影响。在金融发展水平较高地区样本下，内源融资与汇率波动的交互项系数要大于金融发展水平较低地区样本下所得内源融资与汇率波动的交互项系数，说明内源融资在缓解汇率波动对金融发展水平较高地区企业出口额的不利影响时所发挥的作用更大，而外源融资则相反。

从影响企业出口国家数的角度来看，同样是在金融发展水平较高地区样本下，外源融资与汇率水平的交互项的估计系数要大于金融发展水平较低地区外源融资与汇率水平的交互项的估计系数，且汇率变化与融资环境的交互项系数均通过1%水平下的显著性检验。仅有金融发展水平较高地区子样本下汇率波动与内源融资的交互项系数为正，且通过5%水平的显著性检验，说明融资环境在汇率波动影响企业出口国家数的过程中没有起到显著的作用。

从影响企业出口商品种类数的角度，即模型（6.4.b）按金融发展水平的分组检验结果来看，与模型（6.3）和模型（6.4.a）按金融发展水平的分组检验结果不同的是，金融发展水平较低地区子样本下的汇率变化与融资能力交互项的估计系数要高于金融发展水平较高地区汇率变化与融资能力交互项的估计系数，说明金融发展水平较低地区的融资环境在汇率变化影响企业出口商品种类数中发挥的作用更大。而仅有金融发展水平较高地区子样本下汇率波动与外源融资的交互项系数显著为正，这进一步印证了融资能力在汇率波动影响企业出口商品种类数的过程中所发挥的作用不够清晰。

6.2.3 进一步分析：企业上市行为的影响

1990年12月19日上海证券交易所挂牌营业至今，中国证券市场从无到有，历经20多年的发展，境内上市公司数量从1990年的"老八股"和"老五股"[①]稳步增长至2014年的3137[②]家的规模，海外上市

[①] "老八股"是指1990年上海证券交易所开业之前已经发行并有交易的8种股票；"老五股"则指1990年深圳证券交易所成立前发行并进行柜台交易的股票。

[②] 上市公司数目根据国泰安数据库及国家统计局网站提供的数据计算而得。

公司的数目也在不断增长。可见，越来越多有实力的企业选择以上市的方式获得融资；同时，也有一些企业选择直接进入国际资本市场，接触本国以外的更多资本。随着中国金融、证券市场的继续发展以及政府政策的支持，我们有理由相信会有更多的企业通过上市获得融资。6.2.2部分以总负债与总资产的比例来衡量企业外部融资环境的好坏，这一指标反映企业通过银行信贷或者商业信用获得融资的能力，那么，企业通过上市这一方式获得外部融资是否同样会影响出口企业应对汇率变动的能力？本部分将企业上市行为作为融资环境的一方面，通过拟自然实验的方法研究上述问题。

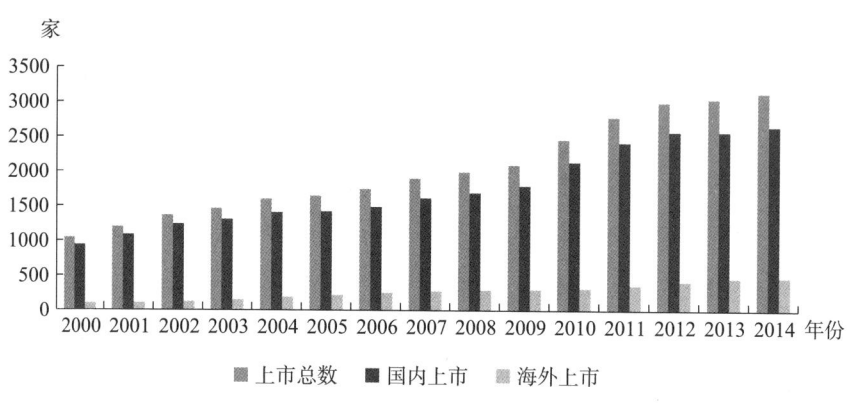

图 6.2　2000—2014 年中国累计上市企业数目

具体分析思路如下：首先，将已经上市的出口企业视为处理组，根据倾向评分匹配的基本思想，为处理组企业选择可供匹配的对照组企业；其次，采用倍差法对处理组和对照组企业的出口变化进行比较，在解释变量中纳入汇率变动与上市的交互项，以考察考虑上市后企业出口受汇率变动的影响。需要说明的是，已有学者对出口贸易中上市的作用进行研究，但采用倍差法对该问题进行分析的还较少。与其他采用倍差法分析问题的研究不同的是，本书通过采用倍差法解决可能存在的样本选择偏差和异质性偏差后，侧重于分析汇率变动对企业出口的影响，换言之，本书的倍差法更重要的是为分析汇率变动的影响服务。

6.2.3.1 估计模型

本部分重在考察汇率变动影响企业出口的过程中企业上市行为的影响,但企业上市的决策并非随机事件,如果直接比较上市的企业和没有上市的企业的相关行为,就有可能产生样本选择偏差,导致有偏的估计结果;再者,上市的出口企业和没有上市的出口企业存在一定的差异,这可能是由不随时间变化的、不可观测的共同冲击造成的,直接比较有可能产生异质性偏差。为更好地解决上述问题并保证本书研究结论的准确性,本部分将借鉴盛丹(2013)的做法,基于倾向评分匹配的倍差法进行估计,从而在考虑企业上市的框架下进一步考察汇率变动对企业出口的影响。

这里将上市的企业作为处理组,将没有上市的企业作为对照组,构建一个二元虚拟变量 $di_i = \{0, 1\}$。$di_i = 1$ 代表企业 i 上市,处于处理组;$di_i = 0$ 代表企业 i 没有上市,处于对照组。同时,定义一个二元时间虚拟变量 $d_t = \{0, 1\}$。$d_t = 0$ 为企业上市前的时期,$d_t = 1$ 为企业上市后的时期。$export_{it}$ 表示企业 i 在 t 期的出口,$\Delta export_{it}$ 表示企业 i 在 $d_t = 0$ 与 $d_t = 1$ 两个时期出口的变化:若企业上市,则将企业在两个时期内出口的变化记为 $\Delta export_{it}^1$;若企业没有上市,则将企业出口的变化记为 $\Delta export_{it}^0$。上市对企业出口的影响为

$$\gamma = E\{\gamma_i \mid di_i = 1\} = E\{\Delta export_{it}^1 \mid di_i = 1\} - E\{\Delta export_{it}^0 \mid di_i = 1\} \tag{6.5}$$

显然,$E\{\Delta export_{it}^0 \mid di_i = 1\}$ 是不可观测的,如果直接用可观测的 $E\{\Delta export_{it}^0 \mid di_i = 0\}$ 来代替,就会产生选择性偏差。倾向评分匹配就是从对照组中选择与上市企业特征极为相似的没有上市的企业,以消除选择偏差。企业上市的概率为

$$P = \Pr\{di_{it} = 1\} = \Phi\{M_{it-1}\} \tag{6.6}$$

$\Phi(\cdot)$ 是正态的累积分布函数,根据(6.6)可得到出口企业上市的预测概率值,倾向评分匹配将预测概率值相近的企业进行配对。M_{it-1}

表示影响上市的因素，即匹配变量或者共同影响因素。本书选取如下匹配变量：企业的资本密集度（lnkl）为固定资产净值年平均余额与全部从业人员年平均人数比值的对数值；采用 LP 法计算的企业全要素生产率的对数值（lntfp）代表企业的生产技术水平；企业规模（ln$size$）取全部从业人员年平均人数的对数值；企业是否为外资企业（$waiqi$）的所有权状态，值为 1 表示企业属于外资企业；企业的融资能力（包含内源融资 $nrzys$ 和外源融资 $rzys$）指标选取与 6.2.2 部分保持一致。

倾向评分匹配后，采用倍差法进行估计，估计模型可写为

$$export_{it} = \beta_0 + \beta_1 di + \beta_2 dt + \beta_3 didt + \varepsilon_{it} \qquad (6.7)$$

在模型（6.7）中，i 和 t 分别代表企业和年份，本部分从企业上市行为的角度来表示企业融资状况，因此 $di=1$ 时表示处理组为已经上市的出口企业（包含海外上市企业及国内上市企业），$di=0$ 表示对照组企业为未上市企业，交叉项 $didt$ 的估计系数刻画了上市对企业出口的影响。

模型（6.7）可能会受遗漏变量的干扰，且本书的侧重点在于通过倍差法解决可能存在的样本选择偏差及异质性偏差后更好地观测汇率变动对企业出口的影响。基于以上两点，本书在模型（6.7）的基础上加入影响企业出口的其他控制变量集合 X，包括汇率变动（汇率水平变化 rxh 和汇率波动 $sdrxh$）、国外需求 $fgdp$、相对劳动力成本 fc、企业全要素生产率 tfp、企业规模 $size$、汇率变动与上市的交互项（$\lambda_1 sh \times rxh$、$\lambda_2 sh \times sdrxh$）[①] 等。因此，本小节最终用以回归的计量模型为

$$\ln export_{it} = \beta_0 + \beta_1 di + \beta_2 dt + \beta_3 didt + \theta X + \lambda_1 sh \times rxh + \lambda_2 sh \times sdrxh + \\ (F_h + F_d + F_t) + \varepsilon_{it} \qquad (6.8)$$

$$gjexpnum_{it} = \beta_0 + \beta_1 di + \beta_2 dt + \beta_3 didt + \theta X + \lambda_1 sh \times rxh + \lambda_2 sh \times sdrxh + \\ (F_h + F_d + F_t) + \varepsilon_{it} \qquad (6.9)$$

---

① 上文已指出，交叉项 $didt$ 的估计系数刻画了上市对企业出口的影响，因此 $\lambda_1 shi \times rxh = di \times dt \times rxh$ 可以表示汇率水平变化通过上市对企业出口产生的影响，$\lambda_2 sh \times sdrxh = di \times dt \times sdrxh$ 可表示汇率波动通过上市对企业出口产生的影响。

$$expnum_{it} = \beta_0 + \beta_1 di + \beta_2 dt + \beta_3 didt + \theta X + \lambda_1 sh \times rxh + \lambda_2 sh \times$$
$$sdrxh + (F_h + F_d + F_t) + \varepsilon_{it} \qquad (6.10)$$

其中，F_h、F_d、F_t 分别为行业、地区和时间固定效应，ε_{ihdt} 为误差项。模型（6.8）至模型（6.10）中的解释变量均与 6.2.1 部分相同，这里不再赘述。

6.2.3.2 倾向评分匹配的结果

本部分依旧采用 2000—2009 年中国工业企业数据库和中国海关进出口数据库匹配后的企业数据进行分析，在进行计量回归之前，首先借鉴盛丹（2013）的思路，采用倾向评分匹配方法为上市的出口企业（处理组）寻找合适的没有上市的出口企业（对照组）。本书确定借助倾向评分匹配方法进行配对的比例为 1∶4，检验匹配是否满足相同倾向得分的观测变量应具有相类似的可观察的分布特征的平衡假设，就必须使处理组和对照组的匹配变量在匹配后不存在显著差异，在匹配之后进行匹配的平衡性检验结果见表 6.14。

表 6.14 匹配的平衡性检验

变量名称	处理	均值		标准偏差（%）	标准偏差减少幅度（%）	t 统计量	t 相伴概率
		处理组	对照组				
lnkl	匹配前	0.684	-0.252	121.6	95.1	43.72	0.000
	匹配后	0.684	0.638	6.0		1.55	0.121
lntfp	匹配前	7.369	6.060	104.9	96.8	39.57	0.000
	匹配后	7.369	7.410	-3.3		-0.87	0.386
ln$size$	匹配前	7.379	5.257	195.5	99.5	70.84	0.000
	匹配后	7.379	7.391	-1.0		-0.26	0.798
$waiqi$	匹配前	0.161	0.600	-101.4	95.5	-34.72	0.000
	匹配后	0.161	0.141	4.6		1.52	0.130
$nrzys$	匹配前	0.352	0.509	-63.1	93.1	-20.39	0.000
	匹配后	0.352	0.363	-4.4		-1.53	0.127
$rzys$	匹配前	820000	120000	17.5	82.1	6.67	0.000
	匹配后	820000	700000	3.1		1.13	0.257

匹配的平衡性检验首先考虑处理组合对照组是否相等，若满足平衡假设，则匹配后 t 检验是不显著的；其次，考察匹配后各匹配变量的标准偏差，其绝对值越小，说明匹配效果越好。表 6.14 的结果显示，匹配之后 t 统计量均不显著，且匹配后各匹配变量的标准偏差均保持在 10% 以内，这表明本书选取的匹配变量及匹配方法是比较合理的。

表 6.15 模型（6.8）至模型（6.10）的估计结果

解释变量	模型（6.8）	模型（6.9）	模型（6.10）
rxh	-0.369***	0.027	-0.091**
	(-4.33)	(0.63)	(-2.34)
$sdrxh$	-0.426***	-0.105***	-0.077***
	(-13.54)	(-6.768)	(-5.444)
$sh \times rxh$	0.070	0.193**	0.279***
	(0.38)	(2.16)	(3.45)
$sh \times sdrxh$	-0.105	-0.115***	-0.072**
	(-1.35)	(-3.00)	(-2.06)
$fgdp$	0.242***	0.170***	0.072***
	(8.61)	(12.03)	(5.59)
fc	-0.700***	-0.427***	-0.235***
	(-20.39)	(-23.95)	(-14.62)
tfp	0.191***	0.118***	0.101***
	(7.54)	(8.47)	(7.72)
$size$	0.702***	0.145***	0.216***
	(26.64)	(10.80)	(16.28)
C	10.41***	-0.339	-2.234***
	(22.55)	(-1.51)	(-2.95)
N	4650	4650	4650
R^2	0.3242	0.2202	0.3018
F	202.3	76.93	23.21

注：回归系数下括号内是该系数的 t 值，***、**分别表示在 1%、5% 的显著性水平下变量显著。

采用倍差法对模型（6.8）至模型（6.10）进行估计的结果①见表6.15,从中可以看出,两模型的汇率水平与企业上市的交互项系数显著为正,说明企业上市可以通过促进企业出口市场多元化的方式来分散汇率升值的影响,同时也可以缓冲升值对企业出口商品种类数造成的不利影响,但是企业上市行为在汇率水平变化影响企业出口收益过程中发挥的作用不显著。

值得注意的是,表6.15中汇率波动与企业上市交互项的估计系数为负,说明出口企业借助上市这一融资渠道没有很好地改善企业对汇率波动的承受能力。本书对表6.15的检验结果不甚理想的原因解释如下：第一,本部分的样本统计显示2000—2009年共有508家②出口企业上市,占同期国内上市企业总数的24.2%,样本期间内上市的企业还较少,不能精准地考察上市的融资效应；第二,汇率改革会对上市企业的生存和发展产生一定的影响,汇率改革后上市的出口企业面临价格优势衰退和提高产品竞争力的挑战,但上市的融资作用并不足以抵抗市场变化给出口企业带来的挑战；第三,上市的真正目的有待考究,部分企业上市尤其是在国外上市的主要目的不在于融资,而是借助上市塑造企业形象,从而利于企业在国内市场取得更大的收获。因而,如何规范企业上市、有效借助上市融资是日后需引起重视的问题。

6.3 本章小结

本章结合当前开放的经济背景,继续运用2000—2009年中国工业企业数据库和中国海关进出口数据库匹配的企业数据,对汇率变动

---

① 由于倍差法估计过程中上市与汇率变动的交互项（$\lambda_1 sh \times rxh = di \times dt \times rxh$ 和 $\lambda_2 sh \times sdrxh = dt \times sdrxh$）的加入导致 $di \times dt$ 由于共线性问题被剔除,因此表6.15的结果中不含 $di \times dt$ 的估计系数。

② 企业上市则计为1,样本期间内不再重复统计,因而此处的508要小于实证回归中的样本数。

汇率变动对中国企业出口的影响
The Impact of Exchange Rate Fluctuations on Chinese Enterprises' Exports

影响企业出口过程中关键因素（进口中间品及金融因素）的作用进行分析。

首先，就汇率变动、中间品进口与企业出口之间的关系进行讨论。总样本检验结果表明，中间品进口能够抵消汇率水平变化对企业出口额及扩展边际的影响，而模型（6.2）的估计结果中汇率波动与进口中间品交互项系数为负的情况则说明进口中间品在汇率波动影响企业出口的过程中发挥的作用不够稳健。为保证实证分析的全面性，本章还对企业样本进行了分组检验，发现进口中间品在汇率变动影响企业出口中的作用在不同贸易类型、行业集中度、企业类型的企业之间存在差异。进口中间品在缓冲汇率变化对仅从事加工贸易、从事两类贸易、外资企业以及所属高集中度行业的企业出口行为的影响发挥着较大作用；进口中间品在缓冲汇率波动对企业出口的负向影响的过程中的作用则不够明显，仅有少数子样本下汇率波动与进口中间品的交互项系数为正。

其次，就汇率变动、融资环境与企业出口之间的关系进行讨论，所得的主要结论如下：第一，融资在汇率变化影响企业出口行为的过程中发挥着重要作用，相对来说，融资环境在汇率波动影响企业出口过程中发挥的作用相对较弱，体现在汇率波动与融资环境的交互项系数存在为正但未通过显著性检验甚至为负的情况。第二，融资能力在汇率变化影响企业出口过程中的作用因企业类型及所在地区金融发展水平的不同而不同，主要体现在汇率变化与融资环境的交互项系数的大小上；而分组检验中汇率波动影响企业出口过程中汇率波动与融资环境的交互项系数有正负差异，系数的显著性也不同；同一类型企业在相同的融资环境中，企业出口额、出口国家数及出口商品种类数受汇率变动的影响也不尽相同。第三，企业上市这一融资渠道并未如传统融资渠道一样有效地缓冲汇率变动对企业出口造成的不利影响，得出这一结论可能与样本内上市企业数目仍较少或市场环境对上市企业的生产经营造成的影响等因素有关。

第 7 章

结论与政策启示

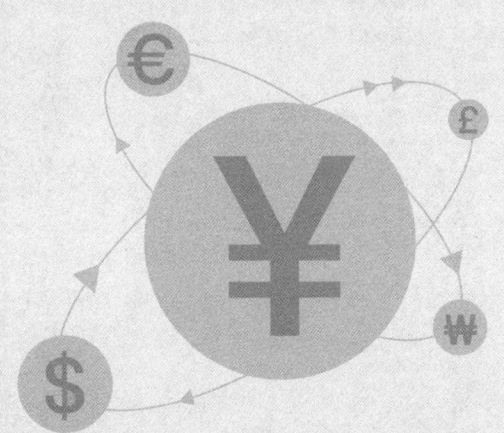

第 7 章 结论与政策启示

本书基于新新贸易理论，并采用 2000—2009 年中国出口企业微观层面的数据研究汇率变动对企业出口的影响。首先，从企业特征和汇率波动两个维度来探讨汇率变动对企业出口（包括集约边际和扩展边际两个方面）的异质性影响；其次，结合当前出口企业所面临的国内外经济形势，考察进口中间品和融资环境这两大关键因素在汇率变动影响出口企业行为中所发挥的重要作用。总体而言，汇率变动对企业出口的影响为多方面的综合，因此，随着一国货币的升值，企业出口状况既有可能改善，也有可能恶化，应根据具体情况进行具体分析。

7.1 主要结论

7.1.1 关于汇率变动与企业出口行为

总体样本研究表明，汇率变化和汇率波动对企业出口额、企业出口商品种类数均具有显著的负向影响；汇率水平的变化与出口市场多元化存在正相关关系，即汇率升值会促使出口企业拓展出口市场，从而分散汇率风险。汇率波动意味着风险的增加，总体来看，汇率波动会对企业出口额、出口市场及出口商品种类数产生负向影响，仅在分组回归中出现少有的汇率波动与企业出口国家数之间存在正相关关系的情况。因此，企业在拓展出口市场时，既要关注汇率水平的变化，也要看汇率波幅的大小。

7.1.2 关于企业特征层面的汇率变动的异质性影响

按照出口贸易伙伴国类型、企业类型、贸易类型以及所属行业类型将样本分组后进行研究的结果显示，汇率变动对异质性企业出口额的影响呈现较大差异，在面临汇率变动时，甚至会出现与理论预期截然相反的出口策略。例如：在适度升值的情况下，国有企业的出口额会随之增长，其他类型企业的出口额则会下降；对仅从事加工贸易的企业的不利影响要大于对仅从事一般贸易的出口企业的影响。汇率变动对不同类型出口企业扩展边际的影响不尽相同，汇率水平变化对企业出口市场的影响表现为较一致的正相关性，而汇率水平变化对出口商品种类数的影响在不同子样本分组间正负不一，汇率波动的影响系数及其显著性在不同的子样本下有所不同。汇率变动对出口企业的最终影响要综合集约边际（企业出口额）和企业扩展边际（出口市场及出口商品种类）两个方面。

7.1.3 关于汇率波动的非线性影响

本书采用门限回归模型探讨汇率波动与企业出口之间的非线性关系。首先，微观企业数据样本的门限回归结果表明，汇率波动对企业出口额的影响存在两个门限值，随着汇率波动幅度的增大，其对企业出口额的影响由显著的正向影响到不显著的正向影响，最终变为显著的负向影响。其次，采用2000—2009年134个国家的国别面板数据进行的稳健性检验的结果同样支持双重门限特征，贬值可以促进出口，适度升值时可能对企业出口额产生正向影响，但升值幅度较大时将会显著冲击出口。微观数据和国别数据门限结果的高度一致性表明，汇率波动与企业出口确实存在非线性关系。

7.1.4 关于汇率变动影响企业出口中进口中间品的作用

总体而言，中间品进口能够抵消汇率水平变化对企业出口额及扩展边际的影响，但在汇率波动影响企业出口的过程中进口中间品的作用不够稳健。为保证实证分析的全面性，本书还对企业样本进行了分组检验，发现进口中间品在缓冲汇率变化对仅从事加工贸易、从事两类贸易、外资企业以及高市场集中度的行业的企业出口行为的影响中发挥着较大作用；进口中间品在缓冲汇率波动对企业出口的负向影响的过程中的作用则不够明显，仅有少数子样本下汇率波动与进口中间品的交互项系数为正。

7.1.5　关于汇率变动影响企业出口中融资环境的作用

在汇率变动影响企业出口的过程中，企业的融资能力发挥着重要作用，尤其是在汇率变化影响企业出口行为中的作用明显。融资能力在汇率变动影响企业出口过程中的作用因企业类型、企业所在地区金融发展水平的不同而呈现出差异性。在同种类型企业中，融资能力在汇率变动影响其出口额和出口扩展边际中发挥的作用也不尽相同。企业上市这一融资渠道能缓冲汇率变化对企业出口商品种类的负向影响，也可以通过促进企业出口市场多元化的方式来分散汇率升值的影响，但总体来说，企业上市行为并未如传统融资渠道一样有效地缓冲汇率变动对企业出口的不利影响，得出这一结论可能与样本内上市企业数目较少或当前市场环境对上市企业生产经营造成的影响等有关。

此外，本书实证分析中控制变量的估计系数符号基本保持不变，这证明了本书选取这些控制变量的合理性及稳健性。结果显示：①国外市场需求显著为正地影响企业出口，这和经典引力模型得出的结论一致；②中国相对外国的劳动力成本与企业出口之间存在负相关关系；③企业的全要素生产率与其出口呈现正相关性，说明企业的出口行为与其自身的特征显著相关，高生产效率使得企业更有能力应对国际市场上的激烈竞争，因而其出口水平更高；④企业规模与其生产规模相对应，因而规模越大的企业，其出口也会相对更多。

7.2　政策启示

本书就汇率变动对企业出口行为的影响展开分析，对于政府及微观企业在汇率变动趋势下应做出的努力具有如下建议。

7.2.1 企业层面

在人民币汇率形成机制逐渐市场化、人民币汇率双向波动趋势日益明显的背景下,作为贸易市场主体的出口企业应早练内功,提升应对汇率变动(尤其是汇率波动风险)的能力。

首先,企业应增加研发投入,通过改进工艺、自主创新等措施提升生产效率并降低成本;吴石磊(2016)提到信息技术、数字技术、网络技术等高新技术的应用和渗透,有助于增强企业发展活力和竞争力。同时,企业应当关注产品质量的提升,在价格竞争优势的基础上强化产品质量的竞争,将对出口数量的关注转移到对出口质量和出口能力的考量上来。真正实现企业竞争力的有效提升是面临汇率变动时处于不败之地的法宝。任希丽(2018)指出,中国企业要抓住这次信息技术创新的机遇,明确信息技术在推动当前经济发展中的重要地位,重视信息技术行业与其他行业的交叉创新,加大信息技术投资,促进企业技术创新。吴石磊(2018)指出,鼓励引导企业并购重组、资本运作,做大、做强、做优一批核心竞争力强、规模与品牌优势突出的领军型大企业、大集团。

其次,本书研究发现,使用进口中间品的出口企业在所选取的各项指标水平上都要优于未使用中间品进口的企业。随着全球供应链的不断延伸,中国的出口企业可根据自身情况增加对进口中间品的使用,借助进口降低生产成本,积极参与国际分工、与国外市场沟通学习,从而借助进口中间品降低成本及获取技术溢出等有效缓解汇率变动(尤其是在升值背景下)的不利冲击;也可以借助进口中间品,有效使用自身资源培养核心竞争力,从而实现自身效率的提升。任希丽(2018)指出,各国应积累足够的基础来提高企业在国际分工中的地位。

再次,企业应在考虑汇率变动对资产运营、盈利能力等方面影响的基础上选择适当的融资策略,并且提高金融工具的运用能力,从而更好地应对汇率变动。例如,在本币升值的背景下,一方面可以利用国外子公司或境外公司的国外金融市场融资优势，借助银行或发债进行贬值外币融资；另一方面尽快学习金融操作知识，通过调整结算方式、预收出口货款、及时结汇等避险方式来积极应对汇率波动。企业借助国际贸易融资，既能缓解外贸企业融资困难，又能拓展银行等金融机构的业务。此外，出口企业上市后应把握平台的"吸金"作用，政府也应对企业上市给予政策支持或倾斜，以最大限度地发挥上市的融资效果，从而有效缓解汇率变动对企业出口产生的不利影响。

最后，企业应加快推行出口市场多元化策略。本书的研究结论显示，汇率变动在对企业出口收益产生影响的同时，也会对其扩展边际产生显著影响，尤其是在汇率升值的背景下，企业出口市场多元化趋势明显。出口市场的多元化战略是实现中国出口由大变强的路径选择，不仅有利于全面参与国际分工，而且有助于分散市场风险，减少不确定性，提高整体的贸易效益。

7.2.2 政府层面

首先，以美国为首的发达国家给中国政府施加了较大的人民币升值压力。本书的结论表明，适度升值不会对中国出口产生负向冲击，因而政府可持有人民币适度升值的政策考虑。综合分析，最理想的结果应是增强人民币汇率弹性，扩大人民币汇率波动区间。鉴于大幅汇率波动会对企业出口产生较大的负向影响，汇率市场化改革进程中应控制人民币汇率波动幅度，避免较大幅度的波动对出口企业造成较大市场压力，也避免"热钱"进入中国进行投机炒作，从而加剧国内金融风险。总之，政府应将汇率问题放在中国金融改革的优先位置。

其次，加强政府对出口企业的引导和支持，为出口企业提供环境保障。鉴于出口企业在面临汇率变动时的异质性反应，当前经济形势下，政府政策引导应具有针对性，在协调人民币汇率变动与中国出口贸易发展时，应充分考虑企业特征，针对不同企业在面临汇率变动时的表现设计汇率体制改革政策，从而保证政策的有效性。另外，在制定外贸发展政策时，应以长远的眼光来谋划，保证外贸政策的稳定性和长效性，为企业出口指明方向。

最后，顺应汇率变化新态势对金融市场发展提出的新要求，加快推进金融体制改革，提高金融体系的资金配置效率，扩充融资渠道，增加企业融资的便利化程度，降低金融市场信息成本，为企业发展营造坚实的金融环境。建立合理的风险共担和补偿机制，促进企业与金融组织、中介机构和各类资本形成协调发展的微观机制。市场化的人民币汇率形成机制以及资本项目开放步伐的加快，在客观上要求加快发展中国的金融体系，推动汇率风险管理工具的创新，从而通过市场手段为企业提供更多的外汇风险管理工具。具体来说，需要进一步扩大金融市场规模，鼓励金融创新，从而推出风险对冲工具来管理汇率变动冲击带来的不利影响；从金融市场服务的角度来看，应加强金融市场基础设施建设，做到及时、准确地披露各种经济信息，进一步完善风险预警等配套机制。

附 录

附表1　2000-2013年中国按国别（地区）分出口额　　单位：亿美元

国家（地区）	2000年	2001年	2002年	2003年	2004年	2005年	2006年
亚洲	1323.08	1409.18	1703.59	2226.06	2955.00	3664.31	4558.36
日本	416.54	449.41	484.34	594.23	735.14	839.92	916.39
韩国	112.92	125.19	155.35	200.96	278.18	351.09	445.26
中国香港	445.18	465.41	584.63	762.89	1008.78	1244.81	1553.85
中国台湾	50.39	50.00	65.86	90.05	135.45	165.50	207.35
东盟①	173.41	183.76	235.68	309.25	429.02	553.71	713.14
新加坡	57.61	57.91	69.84	88.69	126.87	166.33	231.85
非洲	50.42	60.06	69.61	101.84	138.16	186.83	266.90
欧洲	454.82	492.28	592.22	882.73	1224.02	1656.37	2153.72
欧盟②	381.92	408.96	482.12	721.55	1071.62	1437.12	1860.01
英国	63.10	67.81	80.59	108.24	149.68	189.77	241.63
德国	92.78	97.51	113.72	175.36	237.56	325.28	403.16
法国	37.05	36.86	40.72	72.94	99.22	116.40	139.10
意大利	38.02	39.92	48.27	66.53	92.25	116.91	159.73
荷兰	66.87	72.78	91.08	135.05	185.19	258.77	308.61
俄罗斯	22.33	27.11	35.21	60.35	91.03	132.12	158.32
拉丁美洲	71.85	82.36	94.88	118.79	182.42	236.83	360.29
北美洲	552.74	576.37	742.69	981.39	1332.37	1746.77	2191.37
加拿大	31.58	33.46	43.03	56.33	81.62	116.54	155.17
美国	520.99	542.80	699.46	924.74	1249.48	1629.00	2034.72
大洋洲	39.10	40.73	52.89	72.89	101.71	128.87	160.10
澳大利亚	34.29	35.69	45.85	62.63	88.38	110.62	136.25

续表

国家（地区）	2000 年	2001 年	2002 年	2003 年	2004 年	2005 年	2006 年
亚洲	5680.11	6632.95	5685.97	7320.66	8991.42	10069.63	11347.06
日本	1022.71	1161.34	979.11	1210.61	1482.98	1516.43	1502.75
韩国	561.41	739.51	536.80	687.71	829.24	876.81	911.76
中国香港	1844.32	1907.43	1662.33	2183.17	2680.25	3235.27	3847.92
中国台湾	234.58	258.78	205.05	296.77	351.12	367.79	406.44
东盟①	941.79	1141.43	1062.97	1382.07	1700.83	2042.72	2440.70
新加坡	296.38	323.00	300.66	323.48	355.70	407.52	458.64
非洲	372.90	508.40	477.36	599.58	730.99	853.20	928.09
欧洲	2878.82	3428.91	2647.34	3552.04	4136.16	3964.24	4057.75
欧盟②	2451.92	2928.78	2362.84	3112.35	3560.20	3339.89	3389.85
英国	316.58	360.69	312.77	387.71	441.25	462.99	509.49
德国	487.18	591.74	499.20	680.47	764.35	692.18	673.48
法国	203.26	233.04	214.60	276.54	299.97	269.00	267.19
意大利	211.72	266.09	202.44	311.41	336.98	256.57	257.56
荷兰	414.13	459.10	366.82	497.06	595.00	589.04	603.17
俄罗斯	284.89	330.05	175.14	296.13	389.04	440.58	495.95
拉丁美洲	515.43	714.77	570.96	918.21	1217.31	1352.17	1342.71
北美洲	2521.84	2741.79	2385.68	3058.61	3501.17	3801.30	3978.38
加拿大	193.97	217.89	176.75	222.17	252.68	281.26	292.19
美国	2327.04	2522.97	2208.16	2833.04	3244.93	3517.96	3684.27
大洋洲	211.05	258.63	249.32	330.23	408.95	448.80	446.20
澳大利亚	179.94	222.38	206.46	272.26	339.10	377.40	375.60

注：①东盟包括新加坡、菲律宾、印度尼西亚、文莱、马来西亚、泰国，1996 年后增加越南，1998 年后增加老挝和缅甸，2000 年后增加柬埔寨。②1994 年前，欧盟称为欧共体，包括英国、法国、德国、意大利、荷兰、希腊、比利时、丹麦、葡萄牙、爱尔兰、卢森堡、西班牙；1995 年后，增加芬兰、奥地利、瑞典；自 2004 年 5 月起，统计范围增加波兰、马耳他、塞浦路斯、立陶宛、匈牙利、爱沙尼亚、斯洛文尼亚、捷克、拉脱维亚、斯洛伐克；自 2007 年 1 月起，增加罗马尼亚、保加利亚。

附表2 模型（5.2.a）各变量描述性统计和相关系数

	(1)	(2)	(3)	(4)	(5)	(6)	(7)
样本量	410418	410418	375674	351675	350769	276522	409858
均值	8.348	4.073	0.001	6.055	3.117	6.464	5.252
标准差	10.397	0.481	0.017	2.966	2.287	1.127	1.162
(1) 出口国家数	1.000						
(2) 实际有效汇率	0.026	1.000					
(3) 汇率波动	−0.008	−0.019	1.000				
(4) 国外需求	−0.014	−0.280	−0.012	1.000			
(5) 相对劳动力成本	−0.096	−0.256	−0.011	0.607	1.000		
(6) 全要素生产率	0.210	0.025	−0.021	0.153	0.163	1.000	
(7) 企业规模	0.275	−0.012	−0.022	0.120	0.107	0.418	1.000

附表3 模型（5.2.b）各变量描述性统计和相关系数

	(1)	(2)	(3)	(4)	(5)	(6)	(7)
样本量	410418	410418	375674	351675	350769	276522	409858
均值	6.478	4.073	0.001	6.055	3.117	6.464	5.252
标准差	9.845	0.481	0.017	2.966	2.287	1.127	1.162
(1) 出口国家数	1.000						
(2) 实际有效汇率	−0.075	1.000					
(3) 汇率波动	−0.007	−0.019	1.000				
(4) 国外需求	0.031	−0.280	−0.012	1.000			
(5) 相对劳动力成本	0.002	−0.256	−0.011	0.607	1.000		
(6) 全要素生产率	0.120	0.025	−0.021	0.153	0.163	1.000	
(7) 企业规模	0.206	−0.012	−0.022	0.120	0.107	0.418	1.000

附表4 模型（5.2.a）按企业类型分组回归结果

解释变量	国有企业	集体企业	私营企业	中外合资合作企业	外商独资企业
rxh	2.685***	1.715***	0.711***	3.004***	0.590***
	(11.55)	(8.19)	(8.28)	(31.73)	(6.96)
$sdrxh$	-1.047***	-0.710***	-0.330***	-0.085**	0.401***
	(-12.20)	(-8.47)	(-9.65)	(-2.20)	(9.99)
$fgdp$	1.360***	0.876***	0.991***	0.825***	0.585***
	(17.17)	(11.64)	(28.73)	(27.15)	(24.19)
fc	-2.890***	-3.064***	-2.698***	-2.411***	-1.938***
	(-25.17)	(-19.54)	(-36.42)	(-57.71)	(-63.11)
tfp	1.310***	1.178***	0.966***	1.084***	0.958***
	(15.60)	(12.45)	(22.22)	(34.47)	(39.35)
$size$	1.725***	2.438***	2.496***	2.634***	2.655***
	(21.53)	(26.83)	(54.75)	(80.07)	(101.90)
C	-19.48***	-29.75***	-25.45***	-35.16***	-12.90
	(-3.11)	(-2.79)	(-4.34)	(-5.44)	(-0.00)
行业效应	YES	YES	YES	YES	YES
地区效应	YES	YES	YES	YES	YES
时间效应	YES	YES	YES	YES	YES
N	14577	15483	53917	82013	109844
R^2	0.1895	0.2279	0.1868	0.2412	0.2216
F	41.9	59.8	162.7	325.5	395.5

注：回归系数下括号内为该系数的t值，***、**分别表示在1%、5%的显著性水平下变量显著。

附表5 模型（5.2.b）按企业类型分组回归结果

解释变量	国有企业	集体企业	私营企业	中外合资合作企业	外商独资企业
rxh	2.117***	-0.386*	-0.558***	-1.263***	-2.293***
	(5.21)	(-1.73)	(-8.83)	(-14.28)	(-27.63)
$sdrxh$	-0.821***	-0.443***	-0.299***	-0.560***	-0.395***
	(-5.47)	(-4.95)	(-11.87)	(-15.50)	(-10.05)
$fgdp$	1.213***	0.544***	0.343***	0.416***	0.082***
	(8.75)	(6.77)	(13.52)	(14.64)	(3.47)
fc	-2.056***	-1.630***	-1.026***	-1.148***	-0.967***
	(-10.24)	(-9.74)	(-18.83)	(-29.40)	(-32.16)
tfp	1.122***	1.198***	0.569***	0.927***	0.858***
	(7.64)	(11.87)	(17.80)	(31.54)	(35.96)
$size$	1.006***	1.247***	0.851***	1.434***	1.752***
	(7.18)	(12.86)	(23.38)	(46.66)	(68.68)
C	-23.160**	-18.36	-4.762	-8.951	-3.375
	(-2.11)	(-1.61)	(-1.10)	(-1.48)	(-0.00)
行业效应	YES	YES	YES	YES	YES
地区效应	YES	YES	YES	YES	YES
时间效应	YES	YES	YES	YES	YES
N	14577	15483	53917	82013	109844
R^2	0.0750	0.1319	0.1124	0.2196	0.2013
F	14.5	30.8	89.7	288.1	350.3

注：回归系数下括号内为该系数的 t 值，***、**、*分别表示在1%、5%和10%的显著性水平下变量显著。

附表6 模型（5.2.a）按贸易类型分组回归结果

解释变量	一般贸易	非一般贸易	两种类型贸易
rxh	0.651***	0.404***	3.749***
	(13.76)	(2.67)	(36.41)
$sdrxh$	-0.205***	0.446***	0.237***
	(-10.70)	(6.29)	(5.44)
$fgdp$	0.835***	0.686***	0.724***
	(45.99)	(19.84)	(22.27)
fc	-1.916***	-1.797***	-3.371***
	(-73.70)	(-40.73)	(-63.43)
tfp	0.608***	0.687***	1.375***
	(27.66)	(20.03)	(44.67)
$size$	1.660***	2.143***	3.187***
	(74.47)	(57.18)	(104.50)
C	-6.492	-22.310***	-38.500
	(-1.55)	(-4.92)	(-0.00)
行业效应	YES	YES	YES
地区效应	YES	YES	YES
时间效应	YES	YES	YES
N	135361	46703	110161
R^2	0.1603	0.2148	0.2600
F	311.0	165.7	466.0

注：回归系数下括号内为该系数的 t 值，＊＊＊表示在1%的显著性水平下变量显著。

附表7 模型（5.2.b）按贸易类型分组回归结果

解释变量	一般贸易	非一般贸易	两种类型贸易
rxh	−0.575***	−1.186***	−1.727***
	(−15.57)	(−9.13)	(−14.42)
$sdrxh$	−0.282***	−0.407***	−0.591***
	(−18.84)	(−6.68)	(−11.67)
$fgdp$	0.190***	0.078***	0.394***
	(13.39)	(2.61)	(10.43)
fc	−0.661***	−0.610***	−1.663***
	(−32.59)	(−16.10)	(−26.91)
tfp	0.481***	0.434***	1.274***
	(28.06)	(14.74)	(35.60)
$size$	0.513***	1.491***	1.975***
	(29.48)	(46.32)	(55.69)
C	−2.005	−4.468	18.810
	(−0.61)	(−1.15)	(0.00)
行业效应	YES	YES	YES
地区效应	YES	YES	YES
时间效应	YES	YES	YES
N	135361	46703	110161
R^2	0.0980	0.2052	0.1648
F	177.1	156.3	261.7

注：回归系数下括号内为该系数的 t 值，***表示在1%的显著性水平下变量显著。

附表 8　模型（5.2.a）按行业类型分组回归结果

解释变量	劳动密集型	资本密集型	技术密集型
rxh	1.357***	1.389***	0.843***
	(22.96)	(12.23)	(9.91)
$sdrxh$	0.043*	-0.549***	-0.202***
	(1.76)	(-11.61)	(-5.69)
$fgdp$	1.007***	1.098***	0.874***
	(50.79)	(27.06)	(28.40)
fc	-2.473***	-2.470***	-2.475***
	(-63.51)	(-50.62)	(-62.70)
tfp	0.829***	0.745***	1.206***
	(35.71)	(18.71)	(37.57)
$size$	2.163***	2.430***	2.485***
	(96.86)	(61.72)	(76.29)
C	-15.25***	-14.50***	-12.03
	(-49.02)	(-24.34)	(-0.00)
行业效应	YES	YES	YES
地区效应	YES	YES	YES
时间效应	YES	YES	YES
N	146569	46850	88730
R^2	0.1409	0.1884	0.1757
F	546.3	252.7	420.2

注：回归系数下括号内为该系数的 t 值，***、* 分别表示在 1%、10% 的显著性水平下变量显著。

附表9 模型（5.2.b）按行业类型分组回归结果

解释变量	劳动密集型	资本密集型	技术密集型
rxh	-1.642***	-1.219***	-0.701***
	(-25.32)	(-16.88)	(-8.78)
$sdrxh$	-0.499***	-0.422***	-0.470***
	(-18.87)	(-14.07)	(-14.10)
$fgdp$	0.287***	0.227***	0.309***
	(13.13)	(8.87)	(10.69)
fc	-1.187***	-0.782***	-1.063***
	(-27.93)	(-25.27)	(-28.70)
tfp	0.742***	0.275***	1.164***
	(29.19)	(10.54)	(38.65)
$size$	1.383***	0.993***	1.540***
	(55.33)	(38.77)	(50.38)
C	-22.070	1.138	-4.461
	(-0.00)	(0.50)	(-0.00)
行业效应	YES	YES	YES
地区效应	YES	YES	YES
时间效应	YES	YES	YES
N	146569	46850	88730
R^2	0.1831	0.1124	0.0914
F	547.3	104.0	198.4

注：回归系数下括号内为该系数的 t 值，***表示在1%的显著性水平下变量显著。

附表10 模型（5.2.a）按企业持续出口时间分组回归结果

解释变量	1~3年	4~7年	8~10年	多持续出口时间段
rxh	-0.238**	0.804***	2.712***	0.973***
	(-2.52)	(13.08)	(31.08)	(9.10)
$sdrxh$	-0.119***	-0.039	0.070*	-0.069*
	(-3.38)	(-1.53)	(1.72)	(-1.80)
$fgdp$	0.835***	0.885***	0.744***	0.485***
	(21.46)	(40.30)	(27.41)	(12.79)
fc	-1.731***	-2.300***	-2.721***	-1.192***
	(-33.94)	(-68.80)	(-64.87)	(-26.23)
tfp	0.548***	0.874***	1.277***	0.515***
	(12.22)	(36.07)	(46.31)	(11.12)
$size$	1.422***	2.122***	2.729***	1.161***
	(29.85)	(83.22)	(101.40)	(25.68)
C	-2.857	-9.458	-33.320***	-17.660***
	(-0.51)	(-0.00)	(-6.61)	(-4.67)
行业效应	YES	YES	YES	YES
地区效应	YES	YES	YES	YES
时间效应	YES	YES	YES	YES
N	21957	117971	106802	21231
R^2	0.1629	0.1797	0.2508	0.1549
F	53.9	311.2	452.1	49.71

注：回归系数下括号内为该系数的 t 值，***、**、*分别表示在1%、5%和10%的显著性水平下变量显著。

附表 11　模型（5.2.b）按企业持续出口时间分组回归结果

解释变量	1~3 年	4~7 年	8~10 年	多持续出口时间段
rxh	-0.703***	-1.063***	-1.533***	-0.070
	(-7.96)	(-19.15)	(-16.68)	(-0.60)
$sdrxh$	-0.221***	-0.401***	-0.628***	-0.095**
	(-6.70)	(-17.53)	(-14.61)	(-2.30)
$fgdp$	0.026	0.249***	0.326***	0.198***
	(0.71)	(12.55)	(11.41)	(4.78)
fc	-0.474***	-0.900***	-1.264***	-0.435***
	(-9.91)	(-29.78)	(-28.61)	(-8.78)
tfp	0.404***	0.694***	1.182***	0.253***
	(9.61)	(31.72)	(40.69)	(5.01)
$size$	0.716***	1.108***	1.627***	0.442***
	(16.03)	(48.10)	(57.38)	(8.98)
C	-2.377	-0.709	-8.816*	6.840*
	(-0.45)	(-0.00)	(-1.66)	(1.66)
行业效应	YES	YES	YES	YES
地区效应	YES	YES	YES	YES
时间效应	YES	YES	YES	YES
N	21957	117971	131066	21231
R^2	0.1167	0.1492	0.1674	0.0669
F	36.6	249.0	321.1	19.45

注：回归系数下括号内为该系数的 t 值，***、**、* 分别表示在 1%、5% 和 10% 的显著性水平下变量显著。

附表12　模型（6.3）按企业类型分组回归结果

解释变量	内源融资			
	国有企业	集体企业	私营企业	外资企业
rxh	-0.465***	-0.324***	-0.152***	-0.499***
	(-5.63)	(-4.87)	(-3.56)	(-28.32)
$sdrxh$	0.660***	0.219*	0.119	-0.128***
	(3.94)	(1.90)	(1.56)	(-3.44)
$rxh \times finance$	0.053***	0.019***	0.011***	0.021***
	(8.57)	(3.55)	(3.02)	(16.90)
$sdrxh \times finance$	-0.074***	-0.018	0.021***	0.015***
	(-4.93)	(-1.50)	(2.63)	(4.02)
$fgdp$	0.093***	0.099***	0.053***	-0.080***
	(6.15)	(7.6739)	(7.09)	(-27.35)
fc	-0.941***	-0.799***	-0.695***	-0.817***
	(-42.61)	(-27.66)	(-37.68)	(-187.8)
tfp	0.083***	0.161***	0.079***	0.068***
	(3.55)	(6.36)	(4.68)	(13.98)
$size$	0.383***	0.453***	0.464***	0.495***
	(10.54)	(14.80)	(23.27)	(78.51)
C	13.42***	12.15***	11.49***	13.84***
	(8.49)	(13.23)	(21.13)	(14.69)
行业效应	YES	YES	YES	YES
地区效应	YES	YES	YES	YES
时间效应	YES	YES	YES	YES
N	11416	12141	37056	151440
R^2	0.3453	0.2307	0.2563	0.4425
F	50.88	34.26	95.14	1046.5

注：回归系数下括号内为该系数的 t 值，***、*分别表示在1%、10%的显著性水平下变量显著。

附表13　模型（6.3）按企业类型分组回归结果

解释变量	外源融资			
	国有企业	集体企业	私营企业	外资企业
rxh	0.066	-0.079**	-0.117***	-0.268***
	(1.62)	(-2.33)	(-7.86)	(-25.40)
$sdrxh$	-0.279***	-0.381***	-0.232***	-0.159***
	(-8.60)	(-12.07)	(-17.40)	(-5.335)
$rxh \times finance$	0.047**	0.052***	0.096***	0.019***
	(2.15)	(2.81)	(10.80)	(4.61)
$sdrxh \times finance$	-0.062	0.235***	0.073***	0.026
	(-1.08)	(4.59)	(3.33)	(1.53)
$fgdp$	0.231***	0.203***	0.109***	-0.0655***
	(17.20)	(17.50)	(19.24)	(-26.35)
fc	-0.992***	-0.934***	-0.839***	-0.817***
	(-50.92)	(-38.75)	(-69.23)	(-217.25)
tfp	0.400***	0.324***	0.278***	0.143***
	(27.78)	(22.06)	(38.88)	(53.04)
$size$	0.422***	0.460***	0.504***	0.539***
	(31.05)	(32.94)	(67.53)	(102.30)
C	9.141***	7.094***	12.64***	12.12***
	(8.60)	(4.325)	(17.77)	(17.21)
行业效应	YES	YES	YES	YES
地区效应	YES	YES	YES	YES
时间效应	YES	YES	YES	YES
N	14577	15483	53916	191855
R^2	0.3730	0.2843	0.2638	0.4347
F	103.9	78.46	247.3	1357.3

注：回归系数下括号内为该系数的t值，＊＊＊、＊＊分别表示在1%、5%的显著性水平下变量显著。

附表 14　模型（6.4.a）按企业类型分组回归结果

解释变量	被解释变量：出口国家数　融资环境指标：内源融资			
	国有企业	集体企业	私营企业	外资企业
rxh	-0.150***	-0.044	-0.022	-0.025**
	(-3.82)	(-1.19)	(-0.97)	(-2.35)
$sdrxh$	0.309***	0.057	0.097**	-0.058**
	(5.874)	(1.214)	(2.40)	(-2.54)
$rxh \times finance$	0.037***	0.021***	0.004*	0.005***
	(12.66)	(6.64)	(2.00)	(6.77)
$sdrxh \times finance$	-0.040***	-0.012**	0.006	0.004
	(-7.92)	(-2.32)	(1.38)	(1.58)
$fgdp$	0.167***	0.101***	0.061***	0.025***
	(20.63)	(13.05)	(15.52)	(13.89)
fc	-0.391***	-0.378***	-0.222***	-0.166***
	(-33.61)	(-23.98)	(-22.86)	(-62.48)
tfp	0.040***	0.038**	0.019**	0.019***
	(3.160)	(2.557)	(2.193)	(6.363)
$size$	0.086***	0.155***	0.215***	0.165***
	(8.39)	(14.13)	(20.41)	(42.80)
C	-1.964**	-0.758	0.543*	0.869
	(-2.01)	(-0.99)	(1.90)	(1.51)
行业效应	YES	YES	YES	YES
地区效应	YES	YES	YES	YES
时间效应	YES	YES	YES	YES
N	11416	12141	37056	151440
R^2	0.2437	0.2354	0.1979	0.1315
F	44.54	48.87	68.12	199.7

注：回归系数下括号内为该系数的 t 值，***、**、*分别表示在1%、5%和10%的显著性水平下变量显著。

附表15 模型（6.4.a）按企业类型分组回归结果

解释变量	被解释变量：出口国家数 融资环境指标：外源融资			
	国有企业	集体企业	私营企业	外资企业
rxh	0.271***	0.165***	0.077***	0.181***
	(12.23)	(8.15)	(8.36)	(26.16)
$sdrxh$	-0.066***	-0.073***	-0.0144*	0.062***
	(-3.76)	(-3.867)	(-1.76)	(10.36)
$rxh \times finance$	-0.003	0.039***	0.032***	0.045***
	(-0.26)	(3.57)	(5.96)	(17.61)
$sdrxh \times finance$	-0.045	0.036	0.014	0.007
	(-1.46)	(1.19)	(1.06)	(0.67)
$fgdp$	0.175***	0.109***	0.127***	0.108***
	(23.93)	(15.80)	(36.47)	(52.75)
fc	-0.391***	0.384***	-0.390***	-0.325***
	(-37.02)	(-26.77)	(-52.20)	(-121.3)
tfp	0.124***	0.104***	0.078***	0.104***
	(15.89)	(11.84)	(17.72)	(49.88)
$size$	0.156***	0.197***	0.222***	0.284***
	(21.21)	(23.65)	(48.25)	(128.7)
C	-0.992*	-1.341	-1.065**	-1.907***
	(-1.72)	(-1.37)	(-2.43)	(-3.43)
行业效应	YES	YES	YES	YES
地区效应	YES	YES	YES	YES
时间效应	YES	YES	YES	YES
N	14577	15483	53916	191855
R^2	0.2289	0.2370	0.2071	0.2635
F	51.83	61.36	180.2	826.6

注：回归系数下括号内为该系数的 t 值，***、**、*分别表示在1%、5%和10%的显著性水平下变量显著。

附表16 模型（6.4.b）按企业类型分组回归结果

解释变量	被解释变量：出口商品种类数　融资环境指标：内源融资			
	国有企业	集体企业	私营企业	外资企业
rxh	−0.333***	−0.287***	−0.0642***	−0.128***
	(−8.86)	(−8.35)	(−3.05)	(−11.76)
$sdrxh$	0.166***	0.074*	0.050	0.076***
	(3.30)	(1.70)	(1.32)	(3.31)
$rxh \times finance$	0.040***	0.021***	0.006***	0.008***
	(14.06)	(7.365)	(3.491)	(10.22)
$sdrxh \times finance$	−0.023***	−0.014***	−0.001	−0.006**
	(−4.816)	(−2.912)	(−0.217)	(−2.485)
$fgdp$	0.115***	0.082***	0.022***	−0.005***
	(14.81)	(11.49)	(6.060)	(−2.704)
fc	−0.252***	−0.253***	−0.125***	−0.101***
	(−22.65)	(−17.34)	(−13.62)	(−37.38)
tfp	−0.003	0.048***	−0.002	0.012***
	(−0.27)	(3.46)	(−0.22)	(3.95)
$size$	0.053***	0.126***	0.134***	0.154***
	(5.347)	(12.34)	(13.53)	(39.50)
C	−1.160	−0.433	0.852***	0.898
	(−1.24)	(−0.61)	(3.16)	(1.54)
行业效应	YES	YES	YES	YES
地区效应	YES	YES	YES	YES
时间效应	YES	YES	YES	YES
N	11416	12141	37056	151440
R^2	0.2490	0.2477	0.1090	0.0905
F	45.82	52.25	33.79	131.2

注：回归系数下括号内为该系数的 t 值，***、**、*分别表示在1%、5%和10%的显著性水平下变量显著。

附表17　模型（6.4.b）按企业类型分组回归结果

解释变量	被解释变量：出口商品种类数　融资环境指标：外源融资			
	国有企业	集体企业	私营企业	外资企业
rxh	0.088***	-0.070***	-0.150***	-0.287***
	(4.079)	(-3.691)	(-18.35)	(-45.10)
$sdrxh$	-0.069***	-0.064***	-0.044***	-0.077***
	(-4.02)	(-3.64)	(-5.95)	(-14.06)
$rxh \times finance$	-0.004	0.018*	0.037***	0.014***
	(-0.31)	(1.77)	(7.42)	(5.73)
$sdrxh \times finance$	-0.020	0.007	0.010	0.017*
	(-0.65)	(0.229)	(0.78)	(1.77)
$fgdp$	0.130***	0.090***	0.053***	0.043***
	(18.50)	(14.08)	(16.73)	(22.83)
fc	-0.254***	-0.232***	-0.211***	0.182***
	(-24.96)	(-18.75)	(-31.56)	(-74.02)
tfp	0.125***	0.112***	0.0482***	0.0860***
	(16.70)	(13.81)	(12.26)	(45.04)
$size$	0.097***	0.145***	0.138***	0.177***
	(14.05)	(18.90)	(33.64)	(88.51)
C	-1.197**	1.268	0.848***	2.348***
	(-2.15)	(1.38)	(4.14)	(4.56)
行业效应	YES	YES	YES	YES
地区效应	YES	YES	YES	YES
时间效应	YES	YES	YES	YES
N	14577	15483	53916	191855
R^2	0.1965	0.2038	0.0960	0.2375
F	67.02	80.60	127.1	1127.1

注：回归系数下括号内为该系数的 t 值，***、**、*分别表示在1%、5%和10%的显著性水平下变量显著。

附表18 模型（6.3）按地区金融发展水平分组回归结果

解释变量	被解释变量：出口额 融资指标：内源融资		被解释变量：出口额 融资指标：外源融资	
	低水平	高水平	低水平	高水平
rxh	-0.393***	-0.436***	-0.496***	-0.221***
	(-19.14)	(-16.76)	(-50.11)	(-14.90)
$sdrxh$	-0.434***	-0.230***	-0.366***	-0.254***
	(-10.23)	(-4.33)	(-44.12)	(-6.03)
$rxh \times finance$	0.023***	0.023***	-0.010**	0.048***
	(15.01)	(11.09)	(-2.34)	(6.76)
$sdrxh \times finance$	0.003	0.014***	0.056***	0.011
	(0.952)	(2.645)	(3.875)	(0.430)
$fgdp$	-0.050***	0.035***	0.074***	0.043***
	(-13.52)	(7.147)	(22.41)	(10.47)
fc	-0.805***	-0.888***	-0.883***	-0.877***
	(-140.30)	(-110.30)	(-192.20)	(-124.20)
tfp	0.060***	0.070***	0.386***	0.142***
	(9.27)	(8.25)	(109.20)	(28.90)
$size$	0.448***	0.518***	0.549***	0.571***
	(53.28)	(47.32)	(159.1)	(60.72)
C	15.69***	13.46***	12.32***	12.40***
	(8.968)	(16.34)	(15.32)	(15.46)
行业效应	YES	YES	YES	YES
地区效应	YES	YES	YES	YES
时间效应	YES	YES	YES	YES
N	782.8	785.3	1423.0	814.9
R^2	0.4206	0.4398	0.4594	0.4290
F	80867	68392	87143	72863

注：回归系数下括号内为该系数的 t 值，***、**分别表示在1%、5%的显著性水平下变量显著。

附表19 模型（6.4.a）按地区金融发展水平分组回归结果

解释变量	被解释变量：出口国家数 融资指标：内源融资		被解释变量：出口国家数 融资指标：外源融资	
	低水平	高水平	低水平	高水平
rxh	-0.044***	-0.030**	0.062***	0.195***
	(-3.92)	(-2.01)	(10.28)	(25.77)
$sdrxh$	-0.051**	-0.138***	0.023***	0.015**
	(-2.18)	(-4.55)	(4.58)	(2.24)
$rxh \times finance$	0.006***	0.006***	0.037***	0.056***
	(7.68)	(4.91)	(14.42)	(16.79)
$sdrxh \times finance$	0.003	0.007**	-0.004	0.001
	(1.26)	(2.39)	(-0.46)	(0.08)
$fgdp$	0.032***	0.046***	0.107***	0.143***
	(15.93)	(16.18)	(53.19)	(55.42)
fc	-0.171***	-0.202***	-0.324***	-0.369***
	(-54.21)	(-43.93)	(-115.5)	(-96.21)
tfp	0.016***	0.021***	0.110***	0.083***
	(4.573)	(4.198)	(51.03)	(28.59)
$size$	0.156***	0.213***	0.234***	0.277***
	(33.75)	(33.99)	(109.9)	(92.89)
C	0.401	0.846*	-2.481***	-1.263
	(0.42)	(1.79)	(-5.07)	(-0.00)
行业效应	YES	YES	YES	YES
地区效应	YES	YES	YES	YES
时间效应	YES	YES	YES	YES
N	136523	91414	180619	111603
R^2	0.1242	0.1616	0.2183	0.2741
F	144.0	188.7	607.6	702.0

注：回归系数下括号内为该系数的 t 值，***、**、* 分别表示在1%、5%和10%的显著性水平下变量显著。

附表20 模型（6.4.b）按地区金融发展水平分组回归结果

解释变量	被解释变量：出口商品种类数 融资指标：内源融资		被解释变量：出口商品种类数 融资指标：外源融资	
	低水平	高水平	低水平	高水平
rxh	-0.402***	-0.399***	-0.192***	-0.208***
	(-37.52)	(-30.67)	(-35.15)	(-29.94)
$sdrxh$	0.086***	0.093***	-0.066***	-0.083***
	(6.07)	(5.297)	(-14.40)	(-13.15)
$rxh \times finance$	0.020***	0.019***	0.010***	0.007**
	(21.78)	(16.78)	(4.26)	(2.17)
$sdrxh \times finance$	-0.016***	-0.018***	-0.001	0.028***
	(-11.20)	(-9.69)	(-0.15)	(2.78)
$fgdp$	0.030***	0.051***	0.043***	0.062***
	(14.63)	(19.71)	(23.75)	(26.14)
fc	-0.160***	-0.200***	-0.169***	-0.208***
	(-56.24)	(-52.55)	(-66.68)	(-58.95)
tfp	0.029***	0.023***	0.088***	0.079***
	(7.23)	(4.48)	(44.71)	(29.57)
$size$	0.122***	0.152***	0.156***	0.181***
	(43.71)	(41.33)	(80.85)	(66.03)
C	2.020	1.138**	-0.716	0.972
	(0.00)	(2.21)	(-1.62)	(0.00)
行业效应	YES	YES	YES	YES
地区效应	YES	YES	YES	YES
时间效应	YES	YES	YES	YES
N	136523	91414	180619	111603
R^2	0.2238	0.2304	0.2220	0.2246
F	468.4	479.8	620.8	538.4

注：回归系数下括号内为该系数的 t 值，***、**分别表示在1%、5%的显著性水平下变量显著。

参 考 文 献

[1] 林冰．产业集聚对中国制造业参与国际分工影响研究［M］．北京：经济科学出版社，2017．

[2] 刘廷华，周瑾，刘潇．中国工业企业学习效应与效率收敛分析［J］．统计与决策，2018（24）：177-181．

[3] 吴石磊．现代农业创业投资的梭形投融资机制构建及支持政策研究［M］．北京：经济科学出版社，2018．

[4] 吴石磊．中国文化产业发展对居民消费的影响研究［M］．经济科学出版社，2016．

[5] 陈六傅，钱学锋，刘厚俊．人民币实际汇率波动风险对我国各类企业出口的影响［J］．数量经济技术经济研究，2007（7）：81-88．

[6] 陈勇兵，陈宇媚．贸易增长的二元边际：一个文献综述［J］．国际贸易问题，2011（9）：160-168．

[7] 陈勇兵，陈宇媚，周世民．贸易成本、企业出口动态与出口增长的二元边际——基于中国出口企业微观数据：2000—2005［J］．经济学（季刊），2012（4）：1477-1502．

[8] 陈勇兵，李燕，周世民．中国企业出口持续时间及其决定因素［J］．经济研究，2012（7）：48-61．

[9] 戴觅，施炳展．中国企业层面有效汇率测算：2000—2006［J］．世界经济，2013（5）：52-68．

[10] 戴翔，张二震．中间产品进口、出口多样化与贸易顺差——理论模型及对中国的经验分析［J］．国际经贸探索，2010（7）：25-30．

[11] 封福育．人民币汇率波动对出口贸易的不对称影响——基于门限回归模型经验分析［J］．世界经济文汇，2010（2）：24-32．

[12] 高越．国际生产分割模式下企业价值链升级研究［M］．北

京：人民出版社，2019.

［13］华秀萍，杨科．人民币升值对中国企业出口的影响：基于宁波出口企业的调查分析［J］．特区经济，2014（5）：67-69.

［14］黄小兵．异质企业、汇率波动与出口——基于中国企业的实证研究［J］．国际金融研究，2011（10）：47-54.

［15］姜波克．外汇市场的有效性理论述评［J］．浙江社会科学，2001（6）：25-31.

［16］姜昱，邢曙光，杨胜刚．汇率波动对我国进出口影响的门限效应［J］．世界经济研究，2011（7）：36-42.

［17］李淑云，李平，许家云．进口行为与企业生存——基于中国制造业企业微观数据的实证分析［J］．南开经济研究，2018（1）：140-157.

［18］钱学锋，王胜，陈勇兵．中国的多产品出口企业及其产品范围：事实与解释［J］．管理世界，2013（1）：9-27.

［19］任希丽．当前世界经济长波运行状态及趋势研究［M］．北京：经济科学出版社，2018.

［20］盛丹．国有企业改制、竞争程度与社会福利——基于企业成本加成率的考察［J］．经济学（季刊），2013（4）：1465-1490.

［21］随洪光．外商直接投资对经济增长质量影响的研究：机制、效果与结构演化［M］．北京：人民邮电出版社，2017.

［22］孙灵燕，李荣林．融资约束限制中国企业出口参与吗？［J］．经济学（季刊），2012（1）：231-252.

［23］田巍，余淼杰．企业出口强度与进口中间品贸易自由化：来自中国企业的实证研究［J］．管理世界，2013（1）：28-44.

［24］王自锋．汇率水平与波动程度对外国直接投资的影响研究［J］．经济学（季刊），2009（4）：1497-1526.

［25］文争为．我国出口汇率传递率行业和国家差异的实证研究［J］．经济评论，2011（3）：105-116.

［26］杨汝岱，朱诗娥．企业、地理与出口产品价格——中国的典

型事实［J］. 经济学（季刊），2013（4）：1347-1368.

［27］余明桂，潘红波. 金融发展、商业信用与产品市场竞争［J］. 管理世界，2010（8）：117-129.

［28］张会清，唐海燕. 人民币升值、企业行为与出口贸易——基于大样本企业数据的实证研究：2005—2009［J］. 管理世界，2012（2）：23-34.

［29］张欣，孙刚. 汇率变动、生产率异质性与出口企业盈利能力研究——基于701家上市公司的实证检验［J］. 国际金融研究，2014（10）：43-52.

［30］仉荣，吕永铮. 中间品进口会促进企业生产率增长吗？——基于中国企业微观数据的分析［J］. 中南财经政法大学研究生学报，2011（5）：21-26.

［31］赵伟，赵金亮. 生产率决定中国企业出口倾向吗——企业所有制异质性视角的分析［J］. 财贸经济，2011（5）：100-105.

［32］赵勇，雷达. 金融发展、出口边际与"汇率不相关之谜"［J］. 世界经济，2013（10）：3-26.

［33］李淑云. 进口对企业绩效的影响研究［M］. 经济管理出版社，2019.

［34］慕绣如，孙灵燕. 生产率和融资异质性对企业出口的影响——基于门槛效应的分析［J］. 国际贸易问题，2017（10）：61-73.

［35］蒲阿丽，李平. 出口、市场化与资源配置效率的行业异质性分析［J］. 改革，2019（9）：93-102.

［36］于国才. 引资激励、FDI质量与技术溢出效应研究［M］. 中国经济出版社，2019.

［37］Aghion P, Bacchetta P, Ranciere R, et al. Exchange rate volatility and productivity growth：The role of financial development［J］. Journal of Monetary Economics，2009，56（4）：494-513.

［38］Amiti M, Konings J. Trade liberalization, intermediate inputs, and productivity：Evidence from Indonesia［J］. American Economic Review,

2007, 97 (5): 1611-1638.

[39] Amiti M, Weinstein D E. Exports and financial shocks [J]. Quarterly Journal of Economics, 2011, 126 (4): 1841-1877.

[40] Arize A C, Osang T, Slottje D J. Exchange-rate volatility and foreign trade: Evidence from thirteen LDC's [J]. Journal of Business & Economic Statistics, 2000, 18 (1): 10-17.

[41] Arkolakis C, Muendler M-A. The extensive margin of exporting products: A firm-level analysis [C]. NBER Working Papers, 2010, w16641.

[42] Auboin M, Ruta M. The relationship between exchange rates and international trade: A literature review [J]. World Trade Review, 2013, 12 (3): 577-605.

[43] Bacchetta P, Van Wincoop E. Does exchange-rate stability increase trade and welfare?[J]. American Economic Review, 2000, 90 (5): 1093-1109.

[44] Bahmani-Oskooee M, BOLHASSANI M. Exchange rate uncertainty and trade between US and Canada: Is there evidence of third-country effect? [J]. The International Trade Journal, 2014, 28 (1): 23-44.

[45] Bai J. Estimating multiple breaks one at a time [J]. Econometric Theory, 1997, 13 (3): 315-352.

[46] Baldwin J, Gu W. The impact of trade on plant scale, production-run length and diversification [M]. Producer Dynamics: New Evidence from micro data. University of Chicago Press, 2009: 557-592.

[47] Baldwin R. Hysteresis in trade [M]. Hysteresis effects in economic models. Springer, 1990.

[48] Baron D P. Flexible exchange rates, forward markets, and the level of trade [J]. The American Economic Review, 1976, 66 (3): 253-266.

[49] Bas M, Strauss-Kahn V. Does importing more inputs raise exports? Firm-level evidence from France [J]. Review of World Economics,

2014, 150 (2): 241-75.

[50] Baum C F, Caglayan M. The volatility of international trade flows and exchange rate uncertainty [C]. Department of Economics, Boston College Department of Economics, University of Sheffield, Working paper, 2009.

[51] Baum C F, Caglayan M, Ozkan N. Nonlinear effects of exchange rate volatility on the volume of bilateral exports [J]. Journal of Applied Econometrics, 2004, 19 (1): 1-23.

[52] Belke A, Goecke M, Guenther M. Exchange rate bands of Inaction and play-hysteresis in German exports-Sectoral evidence for some OECD destinations [J]. Metroeconomica, 2013, 64 (1): 152-179.

[53] Belke A H, Goecke M, Guenther M. When does it hurt? The exchange rate "pain thre shold" for German exports [C]. DIW Papers, 2009.

[54] Bellone F, Musso P, Nesta L, et al. Financial constraints and firm export behaviour [J]. The World Economy, 2010, 33 (3): 347-373.

[55] Bemanke B, Gertler M. Financial fragility and economic performance [J]. The Quarterly Journal of Economics, 1990, 105 (1): 87-114.

[56] Benhima K. Exchange rate volatility and productivity growth: The role of liability dollarization [J]. Open Economies Review, 2012, 23 (3): 501-529.

[57] Bergin P R, Lin C-Y. Exchange rate regimes and the extensive margin of trade [C]. NBER Working Papers, 2008, w14126.

[58] Berman N, Berthou A. Financial market imperfections and the impact of exchange rate movements on Exports [J]. Review of International Economics, 2009, 17 (1): 103-120.

[59] Berman N, H Ricourt J. Financial factors and the margins of trade: Evidence from cross-country firm-level data [J]. Journal of Development Economics, 2010, 93 (2): 206-217.

[60] Berman N, Martin P, Mayer T. How do different exporters react to exchange rate changes? [J]. The Quarterly Journal of Economics, 2012,

127 (1): 437-492.

[61] Bernard A B, Jensen J B. Entry, expansion, and intensity in the US export boom, 1987-1992 [J]. Review of International Economics, 2004, 12 (4): 662-675.

[62] Bernard A B, Jensen J B, Lawrence R Z. Exporters, jobs, and wages in US manufacturing: 1976 - 1987 [J]. Brookings Papers on Economic Activity Microeconomics, 1995: 67-119.

[63] Berthou A, Fontagn L. How do multiproduct exporters react to a change in trade costs? [J]. The Scandinavian Journal of Economics, 2013, 115 (2): 326-353.

[64] Bini-Smaghi L. Exchange rate variability and trade: Why is it so difficult to find any empirical relationship? [J]. Applied economics, 1991, 23 (5): 927-936.

[65] Brodsky D A. Fixed versus flexible exchange rates and the measurement of exchange rate instability [J]. Journal of International Economics, 1984, 16 (3): 295-306.

[66] Broll U, Eckwert B. Exchange rate volatility and international trade [J]. Southern Economic Journal, 1999: 178-185.

[67] Broll U, Wahl J E, Wong W-K. Elasticity of risk aversion and international trade [J]. Economics Letters, 2006, 92 (1): 126-130.

[68] Bugamelli M, Infante L. Sunk costs of exports [M]. Temi Di Discuscione, 2003.

[69] Caglayan M, Dahi O S, Demir F. Trade flows, exchange rate uncertainty, and financial depth: Evidence from 28 emerging countries [J]. Southern Economic Journal, 2013, 79 (4): 905-927.

[70] Caglayan M, Demir F. Firm productivity, exchange rate movements, sources of finance, and export orientation [J]. World Development, 2014, 54: 204-219.

[71] Campa J M. Entry by foreign firms in the United States under

exchange rate uncertainty [J]. The Review of Economics and Statistics, 1993, 75 (4): 614-622.

[72] Campa J M. Exchange rates and trade: How important is hysteresis in trade? [J]. European Economic Review, 2004, 48 (3): 527-548.

[73] Campa J M, Goldberg L S. Distribution margins, imported inputs, and the sensitivity of the CPI to exchange rates [J]. NBER Working Papers, 2006, w12121.

[74] Caves R E. Multinational enterprise and economic analysis [M]. Cambridge University Press, 1996.

[75] Chaney T. Productivity overshooting: The dynamic impact of trade opening with heterogeneous firms [C]. University of Chicago, 2005.

[76] Chaney T. Distorted gravity: the intensive and extensive margins of International trade [J]. The American Economic Review, 2008, 98 (4): 1707-1721.

[77] Chari A, Blair Henry P. Firm-specific information and the efficiency of investment [J]. Journal of Financial Economics, 2008, 87 (3): 636-655.

[78] Chatterjee A, Dix-Carneiro R, Vichyanond J. Multi-product firms and exchange rate fluctuations [J]. American Economic Journal: Economic Policy, 2013, 5 (2): 77-110.

[79] Clark P B. Uncertainty, exchange risk, and the level of international trade [J]. Economic Inquiry, 1973, 11 (3): 302-313.

[80] Clark P B, Tamirisa N, Wel S-J, et al. A new look at exchange rate volatility and trade flows [M]. International Monetary Fund Washington, DC, 2004.

[81] Colacelli M. Intensive and extensive margins of exports and real exchange rates [C]. Columbia University, 2010.

[82] Cote A. Exchange rate volatility and trade [C]. Bank of Canada Working Paper, 1994, No. 94-95.

[83] Damijan J P, Kostevca. Learning from trade through innovation: Causal link between imports, exports and innovation in Spanish microdata [C]. LICOS Discussion Paper Series, 2010, No. 264.

[84] De Grauwe P. Exchange rate variability and the slowdown in growth of international trade [J]. Staff Papers-International Monetary Fund, 1988: 63-84.

[85] Dekle R, Jeong H, Ryoo H. Are-examination of the exchange rate disconnect puzzle: Evidence from firm level data [J]. University of Sourthern California mimeo, 2009.

[86] Dekle R, Ryoo H H. Exchange rate fluctuations, financing constraints, hedging, and exports: Evidence from firm level data [J]. Journal of International Financial Markets, Institutions and Money, 2007, 17 (5): 437-451.

[87] Dellas H, Zilberfarb B-Z. Real exchange rate volatility and international trade: A reexamination of the theory [J]. Southern Economic Journal, 1993, 59 (4): 641-647.

[88] Demir F. Growth under exchange rate volatility: Does access to foreign or domestic equity markets matter? [J]. Journal of Development Economics, 2013, 100 (1): 74-88.

[89] Dong W. The role of expenditure switching in the global imbalance adjustment [J]. Journal of International Economics, 2012, 86 (2): 237-251.

[90] Doyle E. Exchange rate volatility and Irish-UK trade, 1979-1992 [J]. Applied Economics, 2001, 33 (2): 249-265.

[91] Eaton J, Kortum S, Kramarz F. Dissecting trade: Firms, industries and exports destinations [C]. NBER Working Papers, 2004, w10344.

[92] Eckel C, Lacovone L, Smarzynska Javorcik B, et al. Multi-product firms at home and away: Cost-versus quality-based competence [C]. CEPR Discussion Paper, 2011, No. DP8186.

[93] Eichengreen B. The real exchange rate and economic growth [J].

Social and Economic Studies, 2007, 56 (4): 7-20.

［94］Ethier W. International trade and the forward exchange market [J]. The American Economic Review, 1973, 63 (30): 494-503.

［95］Fabiosa J F. Assessing the impact of the exchange rate and its volatility on Canadian pork and live swine exports to the United States and Japan [M]. Center for Agricultural and Rural Development, Iowa State University Ames, IA, 2002.

［96］Fang W, Lai Y, Miller S M. Export promotion through exchange rate changes: Exchange rate depreciation or stabilization? [J]. Southern Economic Journal, 2006, 72 (3): 611-626.

［97］Fang W, Lai Y, Miller S M. Does exchange rate risk affect exports asymmetrically? Asian evidence [J]. Journal of International Money and Finance, 2009, 28 (2): 215-239.

［98］Freund C, Pierola M D. Export entrepreneurs: Evidence from Peru [C]. World Bank Policy Research Working Paper Series, 2010.

［99］Goldberg L S, Campa J M. The sensitivity of the CPI to exchange rates: Distribution margins, imported inputs, and trade exposure [J]. The Review of Economics and Statistics, 2010, 92 (2): 392-407.

［100］Goldberg P K, Knetter M M. Goods prices and exchange rates: What have we learned? [C]. NBER Working Papers, 1996, w5862.

［101］Goldberg P K, Verboven F. The evolution of price dispersion in the European car market [J]. The Review of Economic Studies, 2001, 68 (4): 811-848.

［102］Gopinath G. Exchange rate pass–through and credit constraints: Firms price to market as long as they can [J]. Journal of Monetary Economics, 2013, 60 (1): 39-41.

［103］Greenaway D, Guariglia A, Kneller R. Financial factors and exporting decisions [J]. Journal of international economics, 2007, 73 (2): 377-395.

[104] Greenaway D, Kneller R. Exporting, productivity and agglomeration [J]. European Economic Review, 2008, 52 (5): 919-939.

[105] Greenaway D, Kneller R, Zhang X. The effect of exchange rates on firm exports and the role of FDI [J]. Review of World Economics, 2012, 148 (3): 425-447.

[106] Guillou S, Schiavo S. Exchange rate exposure under liquidity constraints [M]. Oxford: Oxford University Press, 2011.

[107] Gullstrand J. Firm and destination-specific export costs: The case of the Swedish food sector [J]. Food Policy, 2011, 36 (2): 204-213.

[108] Haddad M, Pancaro C. Can real exchange rate undervaluation boost exports and growth in developing countries? Yes, but not for long [J]. World Bank, 2010, 20: 1-5.

[109] Hansen B E. Threshold effects in non-dynamic panels: Estimation, testing, and inference [J]. Journal of Econometrics, 1999, 93 (2): 345-68.

[110] Poncet S, Héricourt J. Exchange rate volatility, financial constraints and trade: Empirical evidence from Chinese firms [C]. Pse-g-mond Working Papars, 2013.

[111] Hooper P, Kohlhagen S W. The effect of exchange rate uncertainty on the prices and volume of international trade [J]. Journal of International Economics, 1978, 8 (4): 483-511.

[112] Huchet-Bourdon M, Korinek J. To what extent do exchange rates and their volatility affect trade? [C]. OECD Trade Policy Working Papers, 2010.

[113] Hummels D, Ishii J, Yi K-M. The nature and growth of vertical specialization in world trade [J]. Journal of international Economics, 2001, 54 (1): 75-96.

[114] Hummels D, Klenow P J. The variety and quality of a nation's exports [J]. American Economic Review, 2005, 95 (3): 704-723.

[115] Iacovone L, Javorcik B S. Multi-product exporters: Product chur-

ning, uncertainty and export discoveries [J]. The Economic Journal, 2010, 120 (544): 481-99.

[116] Jantarakolica T, Chalermsook P. Thai export under exchange rate volatility: A case study of textile and garment products [J]. Procedia-Social and Behavioral Sciences, 2012, 40: 751-755.

[117] Kannebley JR S. Tests for the hysteresis hypothesis in Brazilian industrialized exports: A threshold cointegration analysis [J]. Economic Modelling, 2008, 25 (2): 171-190.

[118] Kasahara H. Does theuse of imported intermediates increase productivity? Plant-level evidence [J]. Journal of Development Economics, 2008, 87 (1): 106-118.

[119] Knetter M. International comparisons of pricing-to-market behavior [J]. American Economic Review, 1993, 83 (3): 473-486.

[120] Koutmos G, Martin A D. Asymmetric exchange rate exposure: theory and evidence [J]. Journal of International Money and Finance, 2003, 22 (3): 365-383.

[121] Krugman P R. Increasing returns and economic geography [J]. NBER Working Papers, 1990, w3275.

[122] Krugman P R. Increasing returns, monopolistic competition, and international trade [J]. Journal of international Economics, 1979, 9 (4): 469-479.

[123] Kumar V, Whitt Jr J A. Exchange rate variability and international trade [J]. Economic Review, 1992, 5: 17-32.

[124] Kurihara Y. Effects of exchange rate fluctuations and financial development on international trade: Recent experience [J]. International Journal of Business Management & Economic Research, 2013, 4 (5): 793-801.

[125] Li Y A, Xu J J, Zhao C. Import response to exchange rate fluctuation: Evidence from Chinese firms [C]. mi, 2013.

[126] Lin C C, Chen K M, Rau H H. Exchange rate volatility and the timing of foreign direct investment: Market-seeking versus export-substituting [J]. Review of Development Economics, 2010, 14 (3): 466-486.

[127] Majocchi A, Bacchiocchi E, Mayrhofer U. Firm size, business experience and export intensity in SMEs: A longitudinal approach to complex relationships [J]. International Business Review, 2005, 14 (6): 719-738.

[128] Manova K. Credit constraints, heterogeneous firms, and international trade [J]. The Review of Economic Studies, 2013, 80 (2): 711-744.

[129] Marston R C. Pricing to market in Japanese manufacturing [J]. Journal of International Economics, 1990, 29 (3): 217-236.

[130] Mckenzie M. The economics of exchange rate volatility asymmetry [J]. International Journal of Finance & Economics, 2002, 7 (3): 247-260.

[131] Minetti R, Zhu S C. Credit constraints and firm export: Microeconomic evidence from Italy [J]. Journal of International Economics, 2011, 83 (2): 109-125.

[132] Moller K. The importance of sunk costs of exporting in risky situations [C]. Lund University Publications, 2011.

[133] Novy D, Taylor A M. Trade and uncertainty [C]. Working Papers mimeo, 2013.

[134] Olley G S, Pai A. The dynamic of productivity in the telecommunications equipment industry [J]. Econometrica, 1996, 64 (6): 1263-1297.

[135] Omojimite B U, Akpokodje G. The impact of exchange rate reforms on trade performance in Nigeria [J]. Journal of Social Sciences, 2010, 23 (1): 53-62.

[136] Ozkan F G, Unsal D F. External finance, sudden stops, and financial crisis: What is different this time? [C]. IMF Working Papers, 2010, No. 10/158.

[137] Ozturk I. Exchange rate volatility and trade: A literature survey [J]. International Journal of Applied Econometrics and Quantitative Studies, 2006, 3 (1): 85-102.

[138] Patibandla M. Firm size and export behaviour: An Indian case study [J]. The Journal of Development Studies, 1995, 31 (6): 868-882.

[139] Pindyck R S. Irreversibility, uncertainty, and investment [C]. NBER Working Papers, 1991, w3307.

[140] Powers W, Riker D. The effect of exchange rates on the costs of exporters when inputs are denominated in foreign currencies [J]. The International Trade Journal, 2015, 29 (1): 3-18.

[141] Roberts M J, Tybout J R. What makes exports boom? [M]. World Bank Publications, 1997.

[142] Rodrik D. The real exchange rate and economic growth [J]. Brookings papers on economic activity, 2008 (2): 365-412.

[143] Rose A, Engel C. Currencyunions and international integration [J]. Journal of Money, Credit, and Banking, 2002, 34 (4): 1067-1089.

[144] Ruscher E, Wolff G B. External rebalancing is not just an exporters' story: Real exchange rates, the non-tradable sector and the euro [C]. MPRA Paper, 2009, No. 19151.

[145] Schneider P H. International trade, economic growth and intellectual property rights: A panel data study of developed and developing countries [J]. Journal of Development Economics, 2005, 78 (2): 529-547.

[146] Shi K, Xu J. Intermediate goods trade and exchange rate pass-through [J]. Journal of Macroeconomics, 2010, 32 (2): 571-583.

[147] Shin Y, Yu B, Greenwood-Nimmo M. Modelling asymmetric cointegration and dynamic multipliers in a nonlinear ARDL framework [M]. Festschrift in Honor of Peter Schmidt, 2013.

[148] Sinani E, Hobdari B. Export market participation with sunk costs and firm heterogeneity [J]. Applied Economics, 2010, 42 (25):

3: 195-207.

[149] Tang H, Zhang Y. Exchange rates and the margins of trade: Evidence from Chinese exporters [J]. CESifo Economic Studies, 2012, 58 (4): 671-702.

[150] Tenreyro S. On the trade impact of nominal exchange rate volatility [J]. Journal of Development Economics, 2007, 82 (2): 485-508.

[151] Verheyen F. Exchange rate nonlinearities in EMU exports to the US [J]. Economic Modelling, 2013, 32: 66-76.

[152] Vernon R. International investment and international trade in the product cycle [J]. The Quarterly Journal of Economics, 1966, 80 (2): 190-207.

[153] Wagner J. Exports, firm size, and firm dynamics [J]. Small Business Economics, 1995, 7 (1): 29-39.

重要术语索引

B

比较优势 …… 3
不确定性 …… 18
布雷顿森林体系 …… 3

C

产品多元化 …… 64
沉没成本 …… 18
成本传递 …… 131
持续出口 …… 63
出口产品附加值 …… 6
出口国家数 …… 8
出口贸易 …… 3
出口商品种类 …… 8
次优机制 …… 17

F

非线性关系 …… 28
风险管理能力 …… 96
风险效应 …… 15
风险厌恶 …… 15

G

国际收支弹性理论 …… 16
国外需求 …… 76

H

赫芬达尔—赫希曼指数 …… 128
汇率 …… 3
汇率变化 …… 8
汇率波动 …… 5
汇率传递 …… 25
汇率市场化 …… 3

J

集约边际 …… 8
价格效应 …… 15
金融市场化指数 …… 136
金融体制改革 …… 162
进口中间品 …… 6
经济一体化 …… 4

K

扩展效应 …… 16

M

贸易方式 …… 60
贸易结构 …… 55
贸易条件 …… 8
门限回归模型 …… 28
名义有效汇率 …… 7

N

内源融资 133

Q

企业持续出口时间 63
企业规模 18
企业生产率 25
全球价值链 26

R

融资环境 10

S

实际有效汇率 5
市场多元化策略 161
市场集中度 128
市场均衡 39
双向浮动 4

W

外源融资 34

外资企业 23

X

相对劳动力成本 75
新古典经济 11
新新贸易理论 6
信贷约束 32
学习效应 31

Y

要素禀赋 21
异质性 6
预期收入效应 16
运营成本 134

Z

转口贸易 57
资源配置效应 16
自主创新 160